W0013185

Sven Afhüppe | Thomas Sigmund (Hg.)

Europa kann es besser

Wie unser Kontinent zu neuer Stärke findet.
Ein Weckruf der Wirtschaft

FREIBURG · BASEL · WIEN

Dieses Buch ist auf Initiative von United Europe e.V. entstanden.
Für mehr Informationen: https://www.united-europe.eu/de/

Verlag Herder GmbH, Freiburg im Breisgau 2019
Alle Rechte vorbehalten
www.herder.de

Umschlaggestaltung: Gestaltungssaal, Rosenheim
Satz: Daniel Förster, Belgern
Herstellung: CPI books GmbH, Leck
Printed in Germany

ISBN 978-3-451-39360-0
ISBN E-Book: 978-3-451-81690-1

INHALT

VORWORT:
EUROPÄER – STEHT AUF!

Es reicht langsam – das ständige Klagen, was Europa versäumt. Ob der Euro Bestand hat, die Bürger ausreichend informiert werden, das angebliche Demokratiedefizit der Union, die Arroganz der Brüsseler Elite, die wachsende Ungleichheit, das Versagen in der Klima- und Umweltpolitik und, und, und … Ich kann diese Untergangsgesänge nicht mehr hören. Einfach Fake News!

Soll sich die EU immer wieder aufs Neue rechtfertigen müssen? Dass in drei Jahrhunderten vor der Gründung gezählte 123 Kriege zwischen den heutigen Mitgliedern stattfanden mit Abermillionen Toten und wir seither über 70 Jahre Frieden und Freiheit genießen dürfen? Dass einstige Militärdiktaturen – Spanien, Portugal, Griechenland – recht sanft integriert werden konnten? Dass wir fast ein Dutzend ehemaliger kommunistischer Satelliten mit offenen Armen aufnahmen? Dass dabei seit der Wende in einer gewaltigen solidarischen Anstrengung 400 Milliarden Euro, ein Mehrfaches des seinerzeitigen Marshallplans der USA, in die neuen Mitgliedsländer zum Aufbau ihrer Wirtschaft und Institutionen flossen?

Auch der Euro hat sich vielfach bewährt, vor allem in der Finanzkrise. Er ist mittlerweile zur zweitwichtigsten Reservewährung der Welt aufgestiegen, im Handelsvolumen gleichauf mit den USA. Die Eurozone hat seit der Finanzkrise 1,4 Billionen Euro an Zinsen gespart. Alle Länder sind aus dem Krisenmodus heraus, erfüllen die Defizitregeln, haben 14 Millionen zusätzliche Arbeitsplätze geschaffen und bilden die stärkste Wirtschaftszone der Welt mit dem dichtesten globalen Freihandelsnetz.

Und Hand aufs Herz – zwar ist keine Demokratie der Welt perfekt, aber Europas Demokratie bleibt ein Leuchtfeuer in einer sich langsam verdunkelnden Geo-Politwelt. Laut Freedom House galten 1990 12 Prozent der Staaten als »not free«; heute ist es bereits ein Drittel, und in fünf Jahren könnte es bereits mehr als die Hälfte betreffen. Eine spannende Herausforderung für die 7 Prozent der Weltbevölkerung, die auf nur 3 Prozent der Landmasse der Erde leben, aber für rund die Hälfte der globalen Sozialleistungen aufkommen müssen. Die Konkurrenz schläft ja nicht – unberechenbare USA, aufstrebendes China, wegdriftendes Russland, dominante Tech-Giganten …

Was also tun? Konzentration auf eigene Stärken. Den Binnenmarkt vollenden – bei Dienstleistungen, Digitalisierung, Standard-Setting, Energieversorgung. Die Eurozone absichern durch eine funktionierende Bankenunion, einen EU-Währungsfonds, unterstützende Exportkredite in Zukunftsmärkte wie Afrika und Asien. Eine starke europäische Stimme in der Außen- und Sicherheitspolitik. Die Besten in die EU-Institutionen (Rat, Parlament, Kommission) entsenden.

Und nicht zuletzt – Demokratien brauchen Demokraten und Europa braucht Europäer, die diese Idee mit Leidenschaft bejahen und verteidigen. Vor zwei Jahren hörte ich Shimon Peres, den großen Präsidenten Israels, bei einem emotionalen Plädoyer: »Europa? Lange Zeit nur ein kleiner, hassgetriebener Kontinent, der sich heute gar nicht der Erfolgsgeschichte der letzten Jahrzehnte bewusst sei. Euer Einkommen ist heute fünfzigmal höher als 1955 … Selbst die Ärmsten unter euch haben heute Wasser, Nahrung, Wohnungen. Und ihr habt etwas Sensationelles entwickelt – ein ›collective brain‹. Der europäische Traum der Wettbewerbsfähigkeit, des sozialen Zusammenhalts, der ökologischen Nachhaltigkeit lebt und wird auf der ganzen Welt geachtet.« Daher protestiere er

»im Namen aller Optimisten gegen die herrschende pessimistische Grundstimmung. Geschichte ist die optimistischste Sache unseres Lebens!« Dies war seine letzte Botschaft. Wenige Tage später streckte ihn ein Schlaganfall nieder. Seine Worte sind kostbar und dürfen nicht vergessen werden!

Dr. Wolfgang Schüssel
Bundeskanzler Österreichs 2000–2007
Präsident United Europe e. V.

I.

EU – MOTOR FÜR INNOVATION UND WACHSTUM

EUROPA BRAUCHT EINE KULTUR DER CHANCEN

Werner Baumann

»Die Zukunft«, sagte der Schriftsteller Antoine de Saint-Exupéry, »soll man nicht vorhersagen wollen, sondern möglich machen.« Ein kluger Satz, den sich Europa zu Herzen nehmen sollte. Denn in der Europäischen Union hat sich mittlerweile eine Haltung breitgemacht, die Zukunft allzu oft eher verhindert als möglich macht.

Eine Haltung, die Globalisierung und Wettbewerb nicht als Impulsgeber und Wohlstandsfaktor sieht, sondern als Bedrohung. Die mehr danach strebt, Erreichtes zu verteidigen, als Neues zu wagen. Eine Haltung, die weniger fragt: Was kann man damit machen? Sondern vor allem: Was kann dabei schiefgehen?

Ein solches Klima trägt nicht dazu bei, dass Innovationen gedeihen und Erfinder sich entfalten können. Und es gefährdet so den Wohlstand in Europa – eine schwere Hypothek, gerade in dieser schwierigen Zeit. Denn wir brauchen ein prosperierendes Europa, und wir dürfen die Errungenschaften der europäischen Einigung nicht aufs Spiel setzen.

Dass es in Europa eine tief sitzende Skepsis gegenüber dem technischen Fortschritt gibt, lässt sich belegen. Zum Beispiel war bei der Umfrage »Technik-Radar 2018« in Deutschland nur ein Viertel der Befragten der Ansicht, dass Technik mehr Probleme löst, als sie schafft.

Dazu passt auch, dass Impfungen, die enorm viel zur weltweiten Gesundheit beigetragen haben, in Europa auf größere Vorbehalte stoßen als irgendwo sonst auf der Welt. In einigen europäischen Ländern bezweifelt ein Drittel der Bevölkerung, dass Impfen sicher sei. Am anderen Ende des Spektrums finden sich Länder wie Bangladesch, wo es praktisch überhaupt keine Impfskeptiker gibt. Gerade dieser Vergleich zeigt: Man hat sich in Europa offenbar schon so an die Segnungen des Fortschritts gewöhnt, dass man sie immer weniger zu schätzen weiß.

So leistet man es sich ja auch, die Gentechnik in der Landwirtschaft abzulehnen. Fast 70 Prozent der Deutschen halten die gezielte genetische Veränderung von Nutzpflanzen für riskant – obwohl gentechnisch veränderte Pflanzen nachweislich sicher für Mensch und Umwelt sind.

Als Folge dieser Technologieskepsis ist Europa im Begriff, als Innovationsstandort den Anschluss zu verlieren und die technische Entwicklung in vielen Bereichen anderen zu überlassen. Machen wir uns nichts vor, die digitale Zukunft wird schon seit Jahren in Kalifornien gemacht. Und auch bei der künstlichen Intelligenz, dem nächsten großen Schub für die Digitalisierung, wird Europa gerade von den USA und China abgehängt.

Bei einer anderen bahnbrechenden Technologie, den neuen Züchtungstechnologien wie CRISPR/Cas, sieht es nicht besser aus. Mithilfe dieser Technologie kann die konventionelle Züchtung durch eine wesentlich präzisere und schnellere Methode ergänzt und teilweise ersetzt werden – und der Einsatz der Technologie ist vom Ergebnis her mit der konventionellen Züchtung identisch.

So lassen sich zum Beispiel Pflanzen züchten, die mehr Ertrag bringen oder Dürre besser vertragen, oder auch Pflanzen mit wertvolleren Nährstoffen oder ohne bestimmte Allergene. Damit können diese Technologien viel dazu beitragen, die wachsende Weltbevölkerung zu ernähren und gleichzeitig Ressourcen zu schonen. Und weil die Methode relativ einfach und kostengünstig ist, kann sie vor allem auch von mittelständischen Saatgutunternehmen und kleineren Forschungseinrichtungen genutzt werden.

Auch hier hätte Europa eigentlich hervorragende Voraussetzungen, ganz vorn mitzuspielen. Aber dem steht jetzt ein Urteil des Europäischen Gerichtshofs entgegen. Die Richter kamen im vergangenen Jahr zu dem Schluss, dass CRISPR/Cas & Co. als Gentechnik einzustufen sind und entsprechend streng reguliert werden müssen. So droht diese vielversprechende Technologie mit einem Federstrich außer Landes getrieben zu werden. Die ersten Anzeichen dafür sehen wir bereits. Dabei gibt es keinen sachlichen Grund für eine besonders strenge Regulierung von Pflanzen, die auf diese Weise gezüchtet wurden: Sie enthalten keine artfremden Gene und unterscheiden sich überhaupt nicht von traditionell gezüchteten Pflanzen.

Der Ball liegt nun im Feld der Politik. Sie ist aufgerufen, die gesellschaftliche Debatte voranzutreiben und eine neue Rechtslage zu schaffen, die es möglich macht, diese Technologie auch in Europa weiterzuentwickeln. Ansonsten lautet die Botschaft an den Rest der Welt wieder einmal: Wir haben keine Ambitionen, hier eine Rolle zu spielen. An den Problemlösungen der Zukunft werden dann künftig andere arbeiten – auch in diesem Bereich. Die erfolgreichen Produkte, das Wachstum und die Jobs von morgen werden anderswo entstehen.

Was muss also geschehen, damit Europa wieder ein erstklassiger und wettbewerbsfähiger Innovationsstandort wird? Die »To-do-Liste« reicht vom zügigen Ausbau der digitalen Infrastruktur bis zu einer besseren finanziellen Ausstattung von Kindergärten, Schulen und Universitäten. Aber ganz oben auf der Agenda sollten jetzt drei Dinge stehen.

Erstens: der Brexit. Der Austritt Großbritanniens aus der Europäischen Union ist gerade für die Innovationskraft der EU ein schwerer Schlag. Schließlich ist das Vereinigte Königreich eines der innovativsten Länder Europas, mit hervorragenden Universitäten und Forschungseinrichtungen. Unter den großen EU-Ländern schneidet es bei den meisten Innovations-Länderrankings am besten ab. Umso wichtiger ist es, dass die EU für die Zukunft nach dem Brexit die größtmögliche Integration mit dem Vereinigten Königreich anstrebt – ökonomisch, aber gerade auch in Wissenschaft und Forschung.

Zweitens: Wagniskapital. Die USA haben es vorgemacht: Wagniskapital ist extrem wichtig, wenn es darum geht, wissenschaftliche Erkenntnisse und Ideen zu erfolgreichen Unternehmen zu machen. Andere Regionen ziehen nach, auch Europa – aber die Lücke ist nach wie vor groß. Die Wagniskapital-Investitionen im Jahr 2017 betrugen in den USA 63,8 Milliarden Euro – in Europa waren es mit 15,6 Milliarden Euro nur etwa ein Viertel davon, in Deutschland waren es nur rund 1,1 Milliarden Euro. Von den 50 Städten mit den höchsten Investitionen in Start-ups liegen einer Studie zufolge 21 in den USA, 15 in Asien und nur acht in Europa.

Diese Zahlen lassen nur einen Schluss zu: Europa muss noch mehr dafür tun, dass die Umsetzung vielversprechender Ideen nicht am Geld scheitert. Deshalb müssen die Rahmenbedingungen für die Bereitstellung von Wagniskapital in Europa dringend verbessert werden.

Auf diese Weise wird Innovation dezentral von unten getrieben und kann dadurch eine viel größere Kraft entfalten als staatliche Anstrengungen. Sicher: Klug ausgestaltet, können Programme wie die EU-Wachstumsstrategie »Europa 2020« und das Anschlussprogramm »Horizon Europe« wertvolle Impulse liefern. Aber das reicht nicht: Die Innovationsdynamik eines Silicon Valley lässt sich eben nicht aus Brüssel – oder irgendeiner anderen Hauptstadt – orchestrieren.

Drittens, und das ist der wichtigste Punkt: Was Europa am meisten braucht, ist ein Kulturwandel, ein Umdenken. Weg von der verzagten Fixierung auf etwaige Risiken, hin zu einer mutigen, zupackenden Kultur der Chancen und der Möglichkeiten.

Wohlgemerkt: Es ist gut und richtig, dass der technische Fortschritt von einer umfassenden und auch kritischen öffentlichen Debatte begleitet wird. Und es ist wichtig, dass diese Debatte auch Niederschlag in einem Regulierungsrahmen für die technologische Entwicklung findet, der möglichen Bedenken Rechnung trägt und – wo nötig – Leitplanken setzt.

Es ist aber ganz entscheidend, dass diese öffentliche Debatte sachlich geführt wird und dass Regulierungsentscheidungen auf der Grundlage fundierter wissenschaftlicher Erkenntnisse getroffen werden. Leider sind wir in der EU derzeit weit von diesem Ideal entfernt: Debatten werden emotional geführt und haben oft wenig Bezug zum aktuellen Stand des Wissens. So werden Ängste geschürt – und diese schlagen sich in restriktiven Regulierungen nieder, die den technischen Fortschritt nicht gestalten, sondern verhindern. Die Überbetonung des Vorsichtsprinzips erstickt dabei großartige Chancen im Keim.

Auf diese Weise wäre wohl kaum möglich gewesen, was die Menschheit in den vergangenen Jahrzehnten und Jahrhunderten geschafft hat: Sie hat sich aus dem Elend befreit. Heute leben wir in der besten Welt, die es je gab – entgegen der verbreiteten Ansicht, dass irgendwie alles immer schlimmer wird. Beispielsweise lag die durchschnittliche Lebenserwartung im Jahr 1800 weltweit bei 31 Jahren, heute sind es 72 Jahre. Damals starben 44 Prozent der Kinder vor ihrem fünften Geburtstag, heute sind es im Schnitt noch 4 Prozent. Litten im Jahr 1970 noch 28 Prozent der Menschen an Hunger, sind es heute nur noch 11 Prozent – und das, obwohl die Weltbevölkerung seitdem um mehr als 3,8 Milliarden zugenommen hat.

Die Liste der Zahlen, die den Fortschritt belegen, ließe sich beliebig fortsetzen. Sie zeigen: Das Leben ist in praktisch allen Bereichen besser geworden, nicht schlechter. Letztlich ist das ein Triumph der Aufklärung, die den Menschen und die Wissenschaft in den Mittelpunkt stellte – also einer Idee, die einst in Europa entstanden ist. Auf diese Idee sollte sich Europa heute besinnen, an diese Tradition sollte es anknüpfen: an das Europa der Wissenschaft und der Technik, das Erfinder-Europa, das kreative Experimentierlabor, das der Welt Buchdruck und Klavier, Mikroskop und Dampfmaschine, Antibiotika und Automobil, Airbag und mp3-Player schenkte – und wo der erste Computer gebaut wurde.

Denn die Zahlen belegen nicht nur den Fortschritt, sie zeigen auch, dass noch viel zu tun bleibt. Wäre es nicht großartig, Krankheiten wie Krebs oder Alzheimer endgültig zu besiegen – wie die Pocken, die es seit 1977 nicht mehr gibt? Oder den Hunger auszurotten, an dem noch immer 800 Millionen Menschen weltweit leiden? Niemand kann wissen, ob das jemals gelingen wird. Wir können die Zukunft nicht vorhersagen. Aber wir können sie möglich machen, für immer mehr Menschen.

EUROPA STEHT VOR EINEM SCHICKSALSJAHR

Christian Sewing

Mit dem Wort Schicksalsjahr sollte man vorsichtig sein. Aber auf Europa trifft es 2019 zu. Und das nicht nur in politischer, sondern auch in wirtschaftlicher Hinsicht. Denn wir sind umgeben von Unsicherheitsfaktoren. Das größte Risiko sehe ich dabei weder in den Handelskonflikten noch im Brexit oder in einer Rückkehr der europäischen Schuldenkrise. Es ist vielmehr das Phänomen, das letztlich all diesen Entwicklungen zugrunde liegt: Ein neuer Nationalismus greift um sich – in Amerika ebenso wie in vielen Ländern Europas.

Das macht die Welt anfälliger für wirtschaftliche Schocks. Denn ein konzertiertes politisches Handeln, wie es die Finanzkrise des Jahres 2008 eindämmte, ist in der aktuellen Lage nur schwer vorstellbar. Auf dem Spiel steht inzwischen nicht weniger als die wohl größte politische Errungenschaft des 20. Jahrhunderts: die regelbasierte Weltordnung. Sie war und ist nicht perfekt – aber zumindest haben wir Regeln, die sich in der Vergangenheit stetig weiterentwickelt haben. Gerade nach dem Fall der Berliner Mauer schien fast die ganze Welt einen unumkehrbaren Weg zu mehr Kooperation, zu Demokratie, Marktwirtschaft und Freiheit eingeschlagen zu haben.

Inzwischen ist dieser Trend zumindest unterbrochen. Wichtige Institutionen wie die NATO, die Welthandelsorganisation oder auch die Europäische Union (EU) sind geschwächt und werden sogar aus den eigenen Reihen infrage gestellt. Vor allem überzeugte Europäer muss das alarmieren: Der neue wirtschaftspolitische

Nationalismus zweifelt die europäische Idee, unsere politische Ordnung und unsere Werte an.

Mehr europäische Integration

Deshalb ist es gerade jetzt wichtig, dass Europa geschlossen eine Position für Freiheit, Demokratie und wirtschaftlichen Fortschritt entwickelt. Wir brauchen mehr europäische Integration und nicht weniger. Wir dürfen uns nicht auseinanderdividieren lassen. Auch wenn es gerade wenig populär sein mag: Wir sollten alle mit Stolz auf das europäische Projekt blicken – ein Friedensprojekt.

Und wir müssen uns ins Bewusstsein rufen, was uns verbindet: Wir haben in Europa den zweitgrößten Binnenmarkt der Welt geschaffen – mit demnächst noch 27 Staaten und rund 450 Millionen Menschen. Das ist eine enorme Errungenschaft. Denn nur in diesem Verbund können wir ökonomisch und machtpolitisch mit den USA und China mithalten. Das heißt für mich auch, dass wir Europa nicht nur weiterentwickeln müssen, sondern auch ein Stück weit neu erfinden. Denn die Konkurrenz schläft nicht. Nein, sie scheint mit Blick auf Investitionen in Zukunftstechnologien und Verteidigung weitaus wachsamer zu sein als wir.

Für eine Reinkarnation ist die EU allerdings schlecht gerüstet. Das liegt allem voran an den Entscheidungsmechanismen. Auf Neudeutsch: Europa hat ein handfestes Governance-Problem. Parlament, Kommission und Ministerrat unterliegen häufig sehr verschiedenen Strömungen. Sobald es um größere Weichenstellungen geht, hat jeder Mitgliedstaat ein Vetorecht. Es reicht ein Spielverderber, um Europa zu blockieren.

Was soll aus Europa werden, wenn auf nationaler Ebene zunehmend Regierungen an die Spitze kommen, die Europa nicht nur skeptisch, sondern feindlich gegenüberstehen? Wenn immer mehr Europagegner ins Parlament einziehen?

Demokratie und Gewaltenteilung dürfen selbstverständlich in keiner Weise zur Debatte stehen. Die europäische Idee wird aber nur dann überleben, wenn Europa besser, schneller und effektiver funktioniert.

Eine europäische Standortpolitik

Das gilt gerade auch mit Blick auf eine gemeinsame Standortpolitik. Wir in Europa müssen wieder mehr investieren. Nicht zuletzt in Deutschland besteht erheblicher Spielraum – für öffentliche, aber auch für private Investitionen.

Es geht einerseits um die viel diskutierten Ausgaben für Brücken, Straßen und Schienen. Investieren müssen wir aber auch in Bildung sowie in die digitale Infrastruktur, in Breitband- und Funknetze, in Forschung und Entwicklung.

Es gibt einen engen Zusammenhang zwischen der Höhe der Investitionen in neue Technologien und dem Erfolg der Unternehmen, die daraus entstehen. Die Bestandsaufnahme ist ernüchternd: Sowohl bei Plattform-Unternehmen als auch bei der Künstlichen Intelligenz drohen uns China und Amerika zu enteilen. Die Folgen sind schon jetzt gravierend: Die wertvollsten Unternehmen der Welt kommen fast alle aus dem Technologiesektor. Keines davon kommt aus Europa. Ende Januar 2019 war unter den wertvollsten 15 Unternehmen der Welt, gemessen an der Marktkapitalisierung, kein einziges europäisches – Europas Spitzenreiter war Nestlé auf Rang 16.

Und nicht nur das: Wir Europäer sind an den größten Unternehmen der Welt nur mit einem Bruchteil beteiligt. Uns gehört nicht einmal ein Anteil von zwei Prozent daran.

Während regelmäßig über unseren Handelsbilanzüberschuss diskutiert wird und wir Deutschen dafür sogar an den Pranger gestellt werden, schätzen Experten das digitale Handelsdefizit Deutschlands bereits auf rund 30 Milliarden Euro jährlich – mit rasant steigender Tendenz.

Hier werden gerade die Weichen gestellt – in einer Welt, in der Künstliche Intelligenz, Daten und digitale Infrastruktur über den Erfolg oder Misserfolg ganzer Volkswirtschaften mitentscheiden. Und darüber, was unsere Gesellschaft prägt. Rund viereinhalb Stunden täglich surfen die Deutschen im Internet, junge Menschen noch mehr. Google führt uns durch die Straßen, Amazon entscheidet mit, was und wo wir einkaufen. Algorithmen, die in einem fernen Land liegen, bestimmen einen immer größeren Teil unseres täglichen Lebens. Wir verlieren die Hoheit über die Wahrheit, wie es der Risikokapitalgeber Klaus Hommels treffend ausdrückt.

Wollen wir uns damit abfinden? Oder sollten wir nicht alles daransetzen, möglichst viele Bereiche der Wirtschaft mit eigenen Digitalplattformen zu besetzen?

Dabei muss uns allerdings klar sein, vor welcher Kraftanstrengung wir hier stehen. Ob Facebook, Amazon oder Google: In alle großen Plattformen wurden zunächst Milliarden investiert, es wurden viele Verlustjahre in Kauf genommen. Wenn sich eine Plattform aber erst einmal durchgesetzt hat, wächst sie enorm schnell, was – wie wir sehen – zu globalen Oligopolen führen kann.

Wir müssen also schneller agieren und investieren. Das ist natürlich nicht nur Aufgabe des Staates: Auch wir Unternehmen müssen viel mehr tun, und zwar schon aus purem Eigeninteresse. Wir verspielen sonst unsere Zukunft.

Dafür müsste Europa allerdings mehr finanzielle Ressourcen freisetzen. So sollte es beispielsweise Versicherungen und Pensionskassen erlaubt sein, etwas höhere Risiken einzugehen, um in Unternehmen und Wachstumstechnologien zu investieren – so wie das in den USA der Fall ist.

Starke Banken in Europa

Auch als Deutsche Bank stehen wir in der Pflicht, unseren Beitrag zu leisten, um Kapital für Investitionen zu sammeln und zu kanalisieren. Wir haben selbst bereits große Summen in Plattformen investiert, nicht nur allein, sondern gemeinsam mit anderen Unternehmen.

Ein starkes Europa braucht starke Banken. Sie sind ein entscheidender Teil des Herz-Kreislauf-Systems unserer Wirtschaft. Insofern ist es ein großer Erfolg, dass die Bankenunion in Europa auf den Weg gebracht wurde. Aber sie ist nicht vollendet, und es bedarf zusätzlich einer Kapitalmarktunion.

Es kann nicht angehen, dass ein internationaler Investor, der Anleihen aus Spanien, Frankreich und Deutschland kaufen will, drei unterschiedliche Wertpapier- und Insolvenzregelwerke prüfen muss. Wir brauchen einen echten Binnenmarkt für Finanzdienstleistungen.

Die Fragmentierung macht es den europäischen Banken schwer, jene Stärke in der Heimat zu entwickeln, die nötig ist, um mit den großen Konkurrenten aus den USA oder Asien mitzuhalten. Die Frage ist: Wollen wir uns in Kapital- und Finanzierungsfragen auf längere Sicht wirklich weitgehend vom Ausland abhängig machen?

So weit darf es nicht kommen. Es würde Europa auf Dauer an Kapital und Finanzierungsmöglichkeiten fehlen. Und an Kenntnissen darüber, was an den globalen Kapitalmärkten gerade geschieht.

Wir sollten nicht vergessen, wie schnell sich in der Finanzkrise 2008 viele Auslandsbanken zurückzogen, während die einheimischen Häuser ihr Kreditangebot weitgehend aufrechterhielten.

Aber es geht nicht nur um Krisensituationen, sondern um die fundamentale Infrastruktur Deutschlands und Europas.

Wir stehen vor einem Jahr voller Veränderungen. Das geopolitische Umfeld ist rauer geworden, der ökonomische Druck wächst. Gleichzeitig werden in diesem Jahr wichtige Schlüsselpositionen in Europa neu besetzt: So bekommen die EU-Kommission, der Europäische Rat sowie die Europäische Zentralbank neue Präsidenten. Nicht zuletzt wählen die Europäer ein neues Parlament.

Es ist also auch politisch ein Schicksalsjahr. Wir alle müssen dazu beitragen, dass dieses Jahr zum Beginn einer Renaissance für die europäische Idee wird – und nicht der Anfang von ihrem Ende.

WAS IST LOS MIT EUROPA? WIR BRAUCHEN EIN NEUES EUROPA DER IDEEN!

Martin Brudermüller

Als ich im Jahr 1961 geboren wurde, stellten Großbritannien, Irland und Dänemark den Antrag auf Beitritt zur Europäischen Wirtschaftsgemeinschaft (EWG). 1979, in meinem letzten Schuljahr, fand die erste Direktwahl des Europäischen Parlaments statt. Im Abschlussjahr meines Studiums, 1985, wurde das Schengen-Abkommen zur Abschaffung aller Personenkontrollen an den Binnengrenzen Deutschlands, Frankreichs und der Benelux-Länder unterzeichnet. Ich bin mit der fortschreitenden Integration Europas aufgewachsen, und genau wie ich kann jede Bürgerin, jeder Bürger Europas seine persönliche Vita mit der Entwicklung der EU verknüpfen. Ich war schon damals begeistert von Europa. Doch so richtig bewusst als Europäer fühlte ich mich zum ersten Mal während meines Studiums in den USA. Und wahrscheinlich geht es vielen von uns so – der Wert von etwas wird einem erst dann so richtig klar, wenn man es gerade nicht hat.

Das zeigt auch der Brexit. Wenn er vollzogen sein wird, werden die in der EU verbleibenden 27 Staaten den Verlust sehr schmerzhaft spüren. Die Briten wiederum werden zunehmend erkennen, welch enge Verbindung sie zur EU haben und welche oft unsichtbaren Vorteile damit verbunden sind. Die qualvollen Diskussionen über den Ausstieg und erst recht das zukünftige Verhältnis ihres Landes zur EU machen das schon heute mehr als deutlich. Als Bürgerinnen und Bürger der EU-27 müssen wir aus diesem Verlust lernen und uns der Vorteile der EU klar bewusst werden – ohne sie erst zu verlieren.

Europa ist das größte Friedensprojekt des 20. Jahrhunderts. In einem EU-Mitgliedsland aufzuwachsen heißt in Frieden aufzuwachsen. Das ist alles andere als selbstverständlich. Zu Beginn des Jahres haben Angela Merkel und Emmanuel Macron in Aachen den deutsch-französischen Freundschaftsvertrag erneuert. Aus den Erzfeinden von einst sind längst engste Partner geworden. Die Wiedervereinigung Deutschlands hätte ohne die feste Einbindung Deutschlands in die EU auch anders, vielleicht weniger friedlich, verlaufen oder gar überhaupt nicht passieren können. Auch der Brexit zeigt erneut die friedensstiftende Wirkung der EU: Fast unlösbar erscheint die Frage, wie nach dem EU-Austritt die Grenze zwischen Nordirland und der Republik Irland so gestaltet werden kann, dass der Nordirlandkonflikt nicht wieder aufflammt.

Die EU ist auch ein äußerst erfolgreiches Wohlstandsprojekt. Die Bedeutung des EU-Binnenmarkts ist dabei gar nicht hoch genug einzuschätzen. Seit dem Inkrafttreten des Binnenmarkts 1993 ist das Bruttoinlandsprodukt in den EU-28 pro Kopf stärker gewachsen als im Durchschnitt der OECD. Der freie Waren- und Güterverkehr hat sich aber nicht nur für das gesamteuropäische Wachstum bezahlt gemacht, sondern auch für die EU-Bürgerinnen und -Bürger: Ohne Grenzkontrollen können sie einfacher reisen und in anderen EU-Staaten studieren und arbeiten. Europa steht für Frieden, Freiheit, Stabilität und für Wohlstand.

Was ist los mit der EU? Warum ist sich kaum jemand dieser Erfolge richtig bewusst? Die EU steckt in einer tiefen Krise. Der rasante wirtschaftliche und technologische Aufstieg Chinas, die Strukturveränderungen in der Industrie durch Digitalisierung und Automatisierung, die Migrationsbewegungen – diese Umbrüche bringen die EU und ihre Mitgliedsländer aus dem Takt. Viele Bürgerinnen und Bürger empfinden diese Herausforderungen als Bedrohungen, und sie vermissen zukunftsfähige Antworten ihrer Regierungen. Doch es ist eine Illusion, wenn Einzelstaaten glauben, allein die Kraft und die Möglichkeiten zu haben, auf diese Fragestellungen langfristig bessere Antworten zu finden, als die EU gemeinsam. Wir brauchen ein »Europa, das schützt« – entsprechend des Mottos der österreichischen EU-Ratspräsidentschaft – in physischer, wirtschaftlicher, sozialer und ökologischer Hinsicht. Aber wir brauchen auch eine starke Leitidee für Europa, um alle EU-Bürgerinnen und -Bürger von den Zukunftschancen und Vorteilen eines starken Europas zu überzeugen. Diese Idee für Europa ist das »Europa der Ideen«.

Die Geschichte Europas ist eine Geschichte der Ideen, der Erfindungen, der Innovationen. Zum Beispiel in der Chemie: Von den ersten 100 Elementen des Periodensystems wurden 78 in Europa entdeckt. Die Entwicklung der Ammoniaksynthese oder von Kunststoffen, ohne die modernes Leben nicht denkbar wäre, Entwicklungen in der modernen Medizin, bei Automobilen, in der Mechanik und vielen anderen technologischen Feldern basieren auf Ideen aus Europa. Noch immer sind europäische Unternehmen – kleine, mittlere und große – in Europa und der Welt erfolgreich, weil sie ihre Märkte über Innovationen erschließen. Durch ihre Innovationskraft bieten diese Unternehmen nachhaltige Lösungen für zentrale gesellschaftliche Herausforderungen wie Klimaschutz, Energieversorgung, Ernährung und Mobilität. Bis heute haben sie sich erfolgreich an ein sich veränderndes Umfeld anpassen können. Innovative Produkte waren schon immer die Basis für den Wohlstand Europas, eines Kontinents, der seine Stärke vor allem durch eine Ressource erreicht hat – die Ideen seiner Menschen.

Die Innovationstradition Europas hat drei entscheidende Säulen: Vielfalt, Offenheit und Zusammenarbeit. Kein Kontinent mit ähnlicher kultureller Vielfalt hat eine mit der EU vergleichbare Integration geschafft. Mit dem Zusammenwachsen Europas ist aus dem Gegensatz von Kulturen eine Offenheit gegenüber anderem Denken entstanden. Bei der Suche nach neuen Ideen ist das eine enorme Stärke, denn grundlegende Innovationen kommen heutzutage fast nur noch aus dem Zusammenwirken mehrerer wissenschaftlicher und technischer Disziplinen. Ideen entstehen da, wo vielfältige Perspektiven zusammenkommen. Ganz offensichtlich haben wir etwas verlernt, denn unterschiedliche Perspektiven scheinen in Europa momentan eher dazu zu führen, dass Nationen eigene Wege gehen wollen.

Ohne Innovationen gibt es keine Zukunft mit Wohlstand. Deshalb brauchen wir mehr denn je kreative und innovative Lösungen – warum sollten diese nicht aus Europa kommen? Nach wie vor werden rund 30 Prozent der weltweiten wissenschaftlichen Veröffentlichungen in Europa verfasst, eine beachtliche Leistung! Allerdings muss es uns Europäern gelingen, aus dieser guten Ausgangslage noch mehr Innovationen, Produkte und kommerzielle Anwendungen in den Markt zu bringen. Für ein »Europa der Ideen« brauchen wir einen neuen europäischen Innovationsschub.

Daher muss Forschung noch besser und konsequenter gefördert werden, und zwar von der Grundlagen- bis zur angewandten Forschung. Der nächste mehrjährige Finanzrahmen der EU bietet große Chancen, durch eine deutliche Erhöhung der Investitionen in das nächste Forschungsrahmenprogramm ein unmissverständliches Zeichen zu setzen. Zahlreiche europäische Universitäten und Forschungseinrichtungen gehören in den MINT-Fächern noch immer zur internationalen Spitze. Dieses Potenzial müssen wir über bestehende Netzwerke und Cluster in allen Regionen Europas systematisch ausbauen und stärken.

Eine solche Innovationspolitik sollte gleichzeitig eng mit einer visionären Industriepolitik verknüpft werden. Um zu wettbewerbs- und damit marktfähigen Lösungen zu kommen, muss Innovation auf ein regulatorisches Umfeld treffen, das ihre Einführung fördert. Dazu sollte das Innovationsprinzip konsequent angewandt werden, mit dem Regulierungen dahingehend überprüft werden, ob sie Innovationen fördern oder wenigstens nicht behindern. Auch gilt es, die Innovations- und Industriepolitik noch stärker auf europäische Wertschöpfungsketten auszurichten. Ein Beispiel sind die Elektromobilität und die damit einhergehenden Zukunftstechnologien: Hier müssen Anstrengungen über Ländergrenzen hinweg gebündelt werden, damit wir Technologien, deren Verfügbarkeit und Arbeitsplätze in Europa langfristig sichern können.

Ideen sind aber nicht nur die Basis für Innovationen und damit die Entwicklung von Lösungen, um den großen weltweiten Herausforderungen erfolgreich zu begegnen und den langfristigen Wohlstand des Kontinents zu sichern. Ideen sind noch viel mehr auch eine verbindende Kraft über nationale, kulturelle und gesellschaftliche Grenzen hinweg. Das zeigt der Wissensverbund quer durch Europa, das zeigen die multinationalen Forscherteams, die mit ihren unterschiedlichen Biografien und Sichtweisen die europäische Forschungslandschaft zu dem gemacht haben, was sie heute ist – Spitzenklasse! Wir alle können dazu beitragen, dass wir ein »Europa der Ideen« werden, in dem uns Ideen verbinden und Europa ein schlagkräftiger, erfolgreicher und optimistischer Kontinent bleibt.

Ich bin Deutscher mit europäischem Herzen und von der Idee Europas begeistert. Deshalb gehe ich am 26. Mai 2019 wählen – für ein starkes Europa, das unsere Sicherheit und unseren Wohlstand garantiert.

EIN STARKES EUROPA FÜR DIE ZUKUNFT UNSERER LUFT- UND RAUMFAHRT

Tom Enders

Das Jahr 2019 wird eine Zäsur für Europa. Zum einen, weil das europäische Machtgefüge sich verschiebt: Erst verlassen die Briten wohl (leider!) die EU, die zum ersten Mal in ihrer Geschichte schrumpft. Dann wählen die EU-Bürger eine neue politische Führung. Gleichzeitig stand die EU noch nie vor so vielen Herausforderungen: ansteigender Populismus, drohender Handelskonflikt, Disruption von Technologien und ganzer Wirtschaftszweige, mögliche Rezession.

Ähnliches gilt für Airbus, eines der wenigen wahrhaftig europäischen Unternehmen. Wir feiern Ende Mai unseren 50. Geburtstag. Und erinnern dabei an den Pionierwillen einiger weniger Industrieführer und Politiker, die den Mut und die Vision hatten, das scheinbar unüberwindbare US-Monopol von McDonnell Douglas, Lockheed und Boeing anzufechten. Rückblickend war dies ein voller Erfolg: Heute beschäftigt die europäische Luft- und Raumfahrtindustrie 500 000 Mitarbeiter. Noch nie war sie so wirtschaftlich bedeutend – übrigens mit positiven Auswirkungen auf Deutschland: Jedes sechste Zivilflugzeug, das weltweit ausgeliefert wird, kommt hierher. Über 110 000 hochqualifizierte Arbeiter in der deutschen Luft- und Raumfahrtindustrie erzielen einen Umsatz von rund 40 Milliarden Euro.

Rosige Zeiten also? Mitnichten. Denn diese Zahlen sind Geschichte. In der Vergangenheit ging es vor allem darum, zu wachsen, Abläufe grenzüberschreitend zu integrieren und Kostensynergien zu nutzen. Die Herausforderungen der Zukunft sind aber anderer

Natur. Was erwartet die europäische Luft- und Raumfahrt also in der Zukunft?

Erstens: Waren vergangene Entwicklungen meist linear, ist die Zukunft von exponentiellen Veränderungen geprägt. Vor allem in der Technologie ist das schon heute zu spüren. Daten erobern die Welt. Um unsere Flugzeuge noch zuverlässiger, kostengünstiger und umweltfreundlicher zu machen, sind Daten genauso wichtig wie unsere klassischen Ingenieursdisziplinen. Natürlich werden wir weiterhin Flugzeuge, Hubschrauber und Satelliten bauen. Doch die künftige Wettbewerbsfähigkeit der europäischen Luft- und Raumfahrt steht und fällt mit unserer Fähigkeit, Daten zu sammeln, Daten zu verstehen und sie zu nutzen. Und es geht um die Frage, ob wir dazu besser in der Lage sind als andere. Das führt zum nächsten Punkt.

Zweitens erleben wir geradezu tektonische Verschiebungen im globalen Wettbewerbsumfeld: Starke neue Akteure drängen auf den Markt – aus anderen Regionen, wie China, aber vor allem auch aus anderen Branchen. Eine ganze Reihe amerikanischer Digitalisierungsmilliardäre hat bereits in neue Luft- und Raumfahrtunternehmen investiert. Was passiert, wenn sich dominante Player – wie die amerikanischen GAFAs (Google, Apple, Facebook, Amazon) oder chinesischen BATs (Baidu, Alibaba, Tencent) – im großen Stil in unserer Branche engagieren? Oder wenn sie mit unseren amerikanischen und chinesischen Konkurrenten Allianzen schmieden? In Europa fehlt es uns bisher an vergleichbarer digitaler Durchschlagskraft. Dem müssen wir uns stellen!

Drittens: Entgegen aller Untergangspropheten werden Menschen und Mitarbeiter künftig noch viel wichtiger! Globalisierung und Digitalisierung verschärfen den Wettkampf um die klügsten Köpfe. Es reicht nicht mehr aus, die »best and brightest« in Europa an uns zu binden. Talentsuche muss weltweit erfolgen! Zudem stehen wir vor einem durchgreifenden Generationswechsel: Allein bei Airbus werden in den nächsten zehn Jahren 30 Prozent unserer Mitarbeiter in Rente gehen oder durch natürliche Fluktuation das Unternehmen verlassen. Besonders im Datenbereich werden Fachkräfte händeringend gesucht. Wir müssen allerdings einen Paradigmenwechsel vollziehen: In der Arbeitswelt der Zukunft sind lebenslanges Lernen und offene Innovation nicht nur Selbstverständlichkeit, sondern Notwendigkeit.

Viertens müssen wir den Übergang zum nachhaltigen Flugverkehr beschleunigen: Die Zahl der Flugzeuge wird sich in den nächsten 15–20 Jahren verdoppeln. Das sind zwar glänzende Geschäftsaussichten, aber noch mehr eine große Verantwortung! Um dieser gerecht zu werden, haben bereits vor zehn Jahren Fluggesellschaften, Hersteller und Flughäfen eine Selbstverpflichtung beschlossen, um im nächsten Jahrzehnt CO_2-neutral zu wachsen und bis 2050 den CO_2-Ausstoß um 50 Prozent (im Vergleich zu 2005) zu senken. Keine andere Industriebranche hat so weitreichende globale Klimaziele formuliert!

Exponentielle Disruption, Revolution der Wettbewerbslandschaft, verschärfter Wettkampf um Köpfe und Kompetenzen, Dilemma zwischen Wachstum und Nachhaltigkeit: Wie kann sich die europäische Luft- und Raumfahrt auf diese beispiellosen Veränderungen einstellen? Da sich der Wandel um uns herum in den 2020er Jahren weiter beschleunigen wird, können Unternehmen nicht allein auf eigene Fähigkeiten setzen oder diese aufbauen. Denn das dauert zu lange.

Stattdessen müssen wir lernen, anders zusammenzuarbeiten! Airbus wird niemals ein Digital-Unternehmen. Aber wir können Partnerschaften mit Technologieführern eingehen, etwa aus den Bereichen Big Data, Künstliche Intelligenz und Machine Learning. Nehmen wir die Partnerschaft von Airbus mit Palantir, einem weltweit führenden Big-Data-Unternehmen, das uns dabei unterstützt, die riesigen Datenmengen, die bei Entwicklung, Produktion und Betrieb von Flugzeugen anfallen, so zu nutzen, dass unsere Flugzeuge und Helikopter noch sicherer und produktiver werden. Gemeinsam mit Palantir haben wir eine in der Luftfahrt einzigartige Plattform geschaffen: Skywise. Sie analysiert Unmengen an Daten, um beispielsweise herauszufinden, wie sich durch vorbeugende Wartung Ausfallszeiten vermeiden lassen. Mehr als 3000 Flugzeuge sind mittlerweile auf Skywise vertreten. Diese Partnerschaft hat uns innerhalb weniger Jahre an die Spitze unserer Branche katapultiert, was Big Data anbetrifft.

Gleiches gilt für die Umwelt. Auch hier muss die europäische Luft- und Raumfahrtindustrie mit anderen Branchen zusammenarbeiten. Ein Beispiel dafür ist das Projekt »E-Fan X«. Hier arbeitet Airbus mit Siemens und Rolls Royce an einem Flugdemonstrator mit hybrid-elektrischem Antrieb. Unser Ziel: klimaneutrales Wachstum der Luftfahrt im nächsten Jahrzehnt. Dies wird aber nur gelingen, wenn wir Nachhaltigkeit als Wettbewerbsvorteil sehen.

Darüber hinaus müssen wir unsere Organisationsformen überdenken. Wie andere Konzerne sind auch Luft- und Raumfahrtfirmen zu teils bürokratischen Ungetümen herangewachsen. Damit lässt sich die Geschwindigkeit des heutigen Wandels nicht mehr beherrschen. Wir brauchen flache und flexible Organisationen. Unsere Mitarbeiter können daher ihr kreatives Potenzial in »eigenverantwortlichen« und »exponentiellen« Teams voll entfalten. Gleiches gilt für Offene Innovation: Um schnell und gezielt neue Expertise ins Unternehmen holen zu können – zum Beispiel zu Quantum Computern oder Autonomie –, müssen wir uns öffnen: für Start-ups, Studenten und Forscher weltweit! Dies geht mit neuen Führungstugenden einher: Coaching und Kommunikation haben definitiv Kommando und Kontrolle abgelöst!

Die europäische Politik muss mit der Wirtschaft an einem Strang ziehen: Europas Ziel muss strategische Souveränität sein. Zwei Beispiele:

Raumfahrt: Ist Europa bereit, in seinen unabhängigen Zugang zum All zu investieren – oder werden wir eines Tages von amerikanischen, russischen oder chinesischen Trägersystemen abhängig sein? In einer Zeit, in der unsere Kommunikation über Satelliten läuft und sogar Rohstoffe im All abgebaut werden, ist dies eine Frage, die Europa schnellstens beantworten sollte.

Verteidigungsfähigkeit: Wie will Europa global mithalten, wenn wir weiter wichtige Ressourcen damit verschwenden, vieles doppelt und dreifach zu entwickeln, während gemeinsame Projekte beispielsweise durch nationale Exportrichtlinien ausgebremst werden? Das ist die Gretchenfrage für die Zukunft der europäischen Rüstungsindustrie: Ohne die Fähigkeit zum Export werden Großprogramme – wie etwa das europäische Luftkampfsystem FCAS – nicht die Stückzahlen erreichen, um zu wettbewerbsfähigen Kosten zu produzieren.

Die Frage der Souveränität geht weit über den heutigen Horizont hinaus. Nehmen wir das – nicht unrealistische – Szenario, dass in 20 Jahren nicht die USA oder Europa, sondern China bei Big Data und Künstlicher Intelligenz führend ist. Wie stellen wir uns darauf ein, welche neuen Kooperationen und Partnerschaften müssen wir verfolgen? Damit die europäische Luft- und Raumfahrt auch in 20 Jahren noch wettbewerbsfähig ist, reicht es nicht mehr aus, fast ausschließlich auf europäische und nordamerikanische Partner zu setzen. Wir brauchen neue Strukturen und Partnerschaften, die die geopolitischen Blöcke überwinden, in denen unsere Branche – wenn nicht gar Politik und Wirtschaft insgesamt – heute noch denkt. Doch sind unsere Airbus-Heimatländer und die EU gewillt, das mitzutragen und die Bedingungen dafür zu gestalten?

Die Ablehnung des Alstom-Siemens-Projekts durch die EU-Kommission lässt leider wenig Raum für Optimismus. Offensichtlich sind Politiker und Wirtschaftsführer immer weniger fähig, ein gemeinsames Lagebild zu kreieren und auf dieser Grundlage zukunftsorientierte Entscheidungen zu treffen. Die Geschwindigkeit und Radikalität des Wandels, dem sich Unternehmen ausgesetzt sehen, wird von einem Großteil der Politik in Europa – und vor allem auch in Deutschland – nicht erkannt oder schlicht ignoriert. Man könnte es auf die Formel bringen: »too little, too late«!

Da aber Luftfahrer unverbesserliche Optimisten sind, hoffe ich, dass die anstehende EU-Wahl ein Startschuss für eine Erneuerung Europas wird. Um auch in Zukunft handlungsfähig zu bleiben, muss die EU zielstrebiger und entschlossener werden. Denn viele europäische Unternehmen können nicht auf Leitlinien der Regierungen warten. Pioniere müssen nach vorn treten und mutige, vorausschauende Entscheidungen treffen. Dies geschah vor 50 Jahren, als die europäische Luft- und Raumfahrtindustrie geschaffen wurde. Ein solcher Vorstoß ist heute noch wichtiger denn je.

DIE STÄRKE EINES VEREINTEN EUROPAS

Ignacio S. Galán

Seit der Unterzeichnung der Römischen Verträge im Jahr 1957, also vor über 60 Jahren, war die Europäische Union noch nie derart großen Herausforderungen ausgesetzt wie heute. Einige Probleme sind global, wie der Klimawandel, die internationalen Handelskonflikte, die Auswirkung der Automatisierung und der digitalen Revolution oder die Rückschritte beim Multilateralismus. Andere betreffen Europa im Besonderen, etwa der Brexit, die Migrationsströme oder der mühsame Reformprozess der EU. Das Zusammenspiel dieser Herausforderungen erfordert einen neuen Impuls zur Integration, damit die EU aus einer stärkeren Position heraus gemeinsam Lösungen finden kann.

Auch wenn sich Kritiker der Europäischen Union lautstark zu Wort melden, so zeigen die Ergebnisse der letzten Eurobarometer-Erhebung doch, dass mehr als zwei Drittel der Befragten (68 Prozent) davon überzeugt sind, dass ihr Land von der Mitgliedschaft in der EU profitiert hat. Das ist der höchste Wert seit 1983 und verdeutlicht die Wirksamkeit des politischen und wirtschaftlichen Einigungsprozesses. Diese Daten stimmen optimistisch. Wir dürfen aber auch nicht vergessen, dass die Hälfte der Befragten die Auffassung vertritt, die EU befinde sich auf dem falschen Weg.

Vor dem Hintergrund dieser Zwiespältigkeit gegenüber dem Einigungsprojekt kommt den Wahlen zum Europäischen Parlament eine besondere Bedeutung für die Zukunft der EU zu. Das Vertrauen der Bürger in das europäische Projekt muss erneuert werden. Dazu sind stärkere Bemühungen erforderlich, der Bevölkerung die Errungenschaften der EU zu vermitteln. Ein geeintes Europa ist der einzige Weg, der eine Aussicht auf Wohlstand, Sicherheit und Wohlergehen unter gemeinsamen demokratischen Werten bieten kann.

Diese Aufgabe darf nicht in die ausschließliche Zuständigkeit der EU-Institutionen fallen. Die nationalen Verwaltungen, politischen Parteien, zivilgesellschaftlichen Organisationen und Unternehmen müssen erklären, dass man den Herausforderungen einer globalisierten Welt im ständigen Wandel besser widerstehen kann, wenn man vereint auf gemeinsame Werte setzt. Das gilt unabhängig von Differenzen bezüglich konkreter politischer Vorhaben.

Als Vorstandsvorsitzender von Iberdrola, das bei erneuerbaren Energien führend und der Entwicklung eines nachhaltigen Energiemodells verpflichtet ist, möchte ich die Führungsrolle der Europäischen Union bei der Bekämpfung des Klimawandels betonen. Der Klimawandel ist die größte Bedrohung, der die internationale Gemeinschaft ausgesetzt ist. Wir müssen unsere Anstrengungen verstärken, um die Entwicklung und Nutzung erneuerbarer Energiequellen voranzutreiben. Das Ziel der Zukunft ist die kohlenstofffreie Wirtschaft.

Dank des vom EU-Kommissar für Klimaschutz und Energie, Miguel Arias Cañete, vorgeschlagenen Pakets »Saubere Energie für alle Europäer« bleibt Europa in diesem Bereich Vorreiter. Das Europäische Parlament, die Kommission und der Europäische Rat haben einen gemeinsamen Rahmen vereinbart, der bei erneuerbaren Energien, Verringerung von Emissionen und Verbesserung der Energieeffizienz bis 2030 neue Ziele setzt. Als einzige der großen Volkswirtschaften hat sich die Europäische Union auch einen Fahrplan bis 2050 gesetzt. Derzeit wird eine Strategie erarbeitet, um Europas Wirtschaft bis Mitte des Jahrhunderts klimaneutral zu machen. Wichtig ist es dabei, bei der Definition von Zielen alle relevanten Akteure einzubeziehen: die europäischen Institutionen, die Regierungen und Parlamente der Mitgliedstaaten, Kommunen, Nichtregierungsorganisationen und Bürger. Die Debatte über den Klimaschutz betrifft jeden.

Eine grüne Wirtschaft in Europa ist auch entscheidend für das zukünftige Wachstum und die Schaffung sicherer und hochwertiger Arbeitsplätze. Ob Energie, Bauwesen, Transport, Industrie oder Landwirtschaft – in all diesen Bereichen stehen große Veränderungen an. Alleine in der Energiebranche sind nach Schätzungen der Europäischen Kommission zusätzliche Investitionen in Höhe von 175 bis 290 Milliarden Euro jährlich nötig, um das Ziel der Klimaneutralität zu erreichen. Beim Engagement Europas für eine nachhaltige Energieversorgung geht es also nicht nur darum, die Vorgaben des Pariser Klimaabkommens zu erfüllen. Es geht auch um Chancen für Unternehmer und Arbeitnehmer. Und nicht zuletzt wird die EU durch eine grünere Politik ihre Abhängigkeit von Energieimporten verringern können.

Die Wirtschaft hat verstanden, dass die Antwort auf die Herausforderungen der Zukunft Europa heißt. Im European Round Table of Industrialists (ERT) haben sich Führungskräfte großer europäischer Unternehmen versammelt, auch ich gehöre diesem Kreis an. Auf Grundlage der Erfolge des bisherigen Einigungsprozesses setzt sich der ERT dafür ein, die Wettbewerbsfähigkeit der europäischen Industrie zu verbessern. Wir brauchen Investitionen in Bildung, Forschung und Entwicklung. Wir brauchen die Schaffung neuer Arbeitsplätze, um gerade auch der Jugend eine Perspektive zu geben.

Die europäische Zusammenarbeit ist der Schlüssel zum Erfolg. Die Europäische Union vereint wirtschaftliche Stärke mit dem Schutz von Demokratie, Freiheit und Toleranz. Ein geeintes Europa liefert einen unschätzbaren Mehrwert – für die Bürger, die Mitgliedstaaten und die Welt.

NEUSTART MIT START-UPS

Frank Thelen

Google, Apple, Facebook, Amazon, Microsoft, Baidu, Alibaba, Tencent – all diese marktbeherrschenden Global Player kommen aus den USA oder China. Europa hat keine dieser »Plattformen« aufgebaut. Und auch in den herkömmlichen Schlüsselindustrien laufen uns die Amerikaner und Chinesen zusehends den Rang ab – Tesla z. B. zeigt der deutschen Automobilindustrie, wie Innovation aussieht und wie man gewachsene Strukturen in einem Markt disruptiv verändert. Es scheint, als habe Europa auf die Anforderungen der Wirtschaft der Zukunft keine Antworten mehr. Und in der Tat drohen wir abgehängt zu werden – mit fatalen Folgen für uns und die zukünftigen Generationen. Denn es ist nicht nur der wirtschaftliche Wettbewerb, der nach neuen Antworten verlangt. Insbesondere das nach wie vor rasante Bevölkerungswachstum mit seinen Auswirkungen auf die Umwelt stellt uns global vor ganz neue Herausforderungen, z. B. bei der Energieerzeugung oder der Sicherstellung der Ernährung. Gleichzeitig gab es noch nie so viele bahnbrechende Technologien, die ideale Voraussetzungen für neue Global Player schaffen.

Die Schaffung europäischer Champions auf der Weltbühne kann uns nur gelingen, wenn wir ernsthaft bereit sind, mutig und konsequent zu handeln. Als Erstes müssen wir akzeptieren, dass es ein »Weiter so! Das haben wir immer schon so gemacht« nicht geben darf. Ein gutes Beispiel dafür ist die aktuelle Diesel-Diskussion. Sicher, man kann darüber streiten, ob die Grenzwerte für Schadstoffe wirklich alle wissenschaftlich fundiert sind. Unstreitig sollte aber sein, dass es auf Dauer nicht die Lösung sein kann, endliche fossile Brennstoffe zu verbrauchen. Statt dies als Chance zu sehen und alle Kraft in die Entwicklung neuer Antriebe, Motoren und Treibstoffe zu investieren, wird von den Ingenieuren lieber Software manipuliert, damit die Grenzwerte der Motoren auf dem Prüfstand gerade noch so eingehalten werden können. Und Politiker verschwenden Zeit in Diesel-Diskussionen. Meine Meinung: Die bestehenden Diesel weiter zu betreiben hat keinen wirklichen »Impact«, aber die Unternehmen sollten hohe Strafen zahlen, die in grüne Technologie-Firmen investiert werden müssen. Gern unterbreite ich hierzu ein konkretes Konzept.

Wir müssen eine #10xDNA entwickeln. Hier möchte ich auf die gerade von der EU-Kommission untersagte Fusion der Schienensparten von Siemens – Deutschland – und Alstom – Frankreich – hinweisen. Ja, es mag sein, dass es durch die Untersagung der Fusion etwas mehr Wettbewerb in diesem Sektor innerhalb Europas gibt. Bundeswirtschaftsminister Peter Altmaier hat aber treffend darauf hingewiesen, dass die ganz großen Aufträge inzwischen weltweit vergeben werden – und um hier mitwirken zu können, brauchen wir einen starken europäischen Player, der es mit der internationalen Konkurrenz aufnehmen kann. Europa muss lernen, gemeinsam zu denken und zu handeln, wenn seine Unternehmen im globalen Wettbewerb bestehen sollen.

Um das zu konkretisieren und um unser Wettbewerbsumfeld und die daraus resultierenden Herausforderungen der Zukunft richtig einordnen zu können: Die Europäische Union ist – noch inklusive Großbritannien – ein Wirtschaftsraum mit rund 500 Millionen Einwohnern und einem Bruttoinlandsprodukt von fast 19 Billionen US-Dollar, die USA mit ihren 325 Millionen Einwohnern kommen hinsichtlich des BIP sogar auf etwas mehr. China hat eine Bevölkerung von 1,4 Milliarden und erreicht immerhin schon ein BIP von 15 Billionen USD bei anhaltendem starkem Wachstum. Diese Zahlen müssen wir uns bewusst machen, wenn wir Entscheidungen wie die in Sachen Siemens und Alstom beurteilen wollen. Wir müssen Europa im internationalen Wettbewerb als eine Einheit sehen und uns vom nationalen Denken lösen.

Auch ändern muss sich unser Blick auf Unternehmen und Gründer. Zu oft werden sie negativ und missgünstig betrachtet und dargestellt, Scheitern wird mit Häme kommentiert. Dabei sind sie es, die unsere Zukunft gestalten und Lösungen für die Herausforderungen der sich verändernden Welt finden können. Dies muss gesellschaftlich stärker anerkannt werden. Mein Engagement bei »Die Höhle der Löwen« erfolgt in erster Linie aus der Motivation heraus, den Blick der Gesellschaft auf Gründer positiv zu verändern. Und mit meinem Buch »Startup-DNA« sollen Gründer ermutigt werden, sich Herausforderungen zu stellen und ihre Ziele auch gegen Widerstände zu erreichen. Immerhin, ich habe den Eindruck, dass zumindest die jüngere Generation Gründer zusehends positiver wahrnimmt und als Vorbilder anerkennt. Unternehmerpersönlichkeiten wie Elon Musk, Jeff Bezos oder der leider viel zu früh verstorbene Steve Jobs haben daran entscheidenden Anteil – übrigens allesamt Amerikaner.

Auch das ist kein Wunder, schöpft doch in Europa gerade die Politik längst nicht alle Gestaltungsspielräume aus, mit denen ein gründerfreundlicheres Umfeld geschaffen werden kann, welches solche Typen erst ermöglicht. So sind die bürokratischen Hürden für Gründer insbesondere in Deutschland nach wie vor sehr hoch: Notartermine, Handelsregistereintragung, Gewerbeanmeldung und natürlich das Finanzamt, um nur die wichtigsten Eintrittshürden zu benennen. Ohne teuren juristischen Beistand ist das fast nicht zu bewältigen. Allein schon durch die konsequente Digitalisierung und Vereinfachung dieser Prozesse, z. B. über ein einheitliches Portal zur Unternehmensanmeldung in einem Schritt, wäre viel gewonnen. Auch ein einfacheres Steuerrecht z. B. mit Privilegien für junge Unternehmen in Zukunftsbranchen wäre wünschenswert. Ebenfalls erleichtert werden sollten das Einstellen und die Abrechnung von Mitarbeitern – die Regelungen sind so komplex, dass viele Unternehmen damit so lange wie möglich warten. Bürokratieabbau in diesem Bereich würde unmittelbar für mehr Beschäftigung sorgen.

Abgesehen von diesen grundsätzlichen Weichenstellungen muss die Politik auch schneller auf neue technologische Herausforderungen reagieren. So könnte z. B. der Handel mit Unternehmensanteilen und Krediten auf Basis von Blockchain- und Distributed-Ledger-Plattformen deutlich vereinfacht werden, was Gründern auch einfachere und schnellere Finanzierungsmöglichkeiten eröffnen würde. Tatsächlich könnte durch solche Plattformen sogar eine sichere, günstige, seriöse und schnellere Alternative zur herkömmlichen Aktienbörse geschaffen werden. Schafft der Gesetzgeber hier entsprechende Rechtssicherheit, könnte die Börse der Zukunft – und damit ein wichtiger Global Player – aus Deutschland kommen. Und auch im Bereich der Biotechnologie und Energiewirtschaft könnten ordnungspolitische Entscheidungen getroffen werden, die rechtliche Unsicherheiten beseitigen und damit Gründungen vereinfachen. In diesem Zusammenhang wäre auch ein vereinfachtes Patentrecht wünschenswert, das ebenfalls in erster Linie jungen Unternehmen helfen könnte, die noch keine großen, darauf spezialisierten Rechtsabteilungen haben.

Doch statt solche Vereinfachungen auf den Weg zu bringen und das Recht fit für neue Technologien zu machen, werden mit viel Aufwand Regelungen wie das Netzwerkdurchsetzungsgesetz oder die Datenschutzgrundverordnung erarbeitet, die dem einzelnen Bürger wenig bringen, für die betroffenen Unternehmen aber mit gravierenden Nachteilen verbunden sind und so den Wirtschaftsstandort im weltweiten Vergleich insgesamt schwächen.

Sehe ich also schwarz für den Wirtschaftsstandort Europa?

Nein, ganz so schlimm ist es nicht, denn die Voraussetzungen sind gut. Wir haben in Europa und besonders in Deutschland ein hervorragendes Bildungssystem, großartige Universitäten und Forschungseinrichtungen sowie eine Infrastruktur, die viel besser ist als ihr Ruf. Es ärgert mich, dass wir die fehlenden Punkte jetzt aber nicht konsequent angehen und dass nicht alle, auch unsere Bevölkerung, die nächste technische Revolution als Chance sehen.

EUROPAS INDUSTRIE STÄRKEN – INNOVATIVER, DIGITALER UND WETTBEWERBSFÄHIGER

Hans Van Bylen

Wenn das Brexit-Votum in Großbritannien im Juni 2016 etwas gebracht hat, dann ist es diese Erkenntnis: Inzwischen haben mehr EU-Bürger ein besseres Verständnis dafür, wie hochgradig vernetzt und voneinander abhängig die Menschen und Unternehmen in den Mitgliedsländern der Europäischen Union sind. Erst die konkrete Herausforderung, ein wichtiges Land in relativ kurzer Zeit aus einem über viele Jahrzehnte gewachsenen Geflecht von gemeinsamen Regeln und Standards herauszulösen, veranschaulicht, welche Vorteile und höhere Effizienz durch einen gemeinsamen Binnenmarkt entstanden sind.

Hinzu kommen die kontroversen Diskussionen über Ungleichgewichte im Handel, die Androhung von Zöllen oder anderen Maßnahmen im globalen Wirtschaftsdreieck zwischen den Vereinigten Staaten, China und der EU. Sie haben das Bewusstsein für die Bedeutung eines geeinten und handlungsfähigen Europas in breiteren Teilen der Öffentlichkeit geschärft.

Es ist sicherlich verkürzt, die Bedeutung eines geeinten Europas allein auf die wirtschaftspolitischen Dimensionen zu reduzieren. Daneben stehen mindestens gleichbedeutend sicherheitspolitische Fragen, die Völkerverständigung, kulturelle Aspekte und vieles mehr.

Aber letztlich schaffen erst der wirtschaftliche Erfolg sowie die damit verbundenen Arbeitsplätze und Einkommen die finanziellen Voraussetzungen und die breite gesellschaftliche Akzeptanz für die Zusammenarbeit in den anderen Handlungsfeldern. Der wirtschaftliche Erfolg hilft auch, durch gezielte Maßnahmen Ungleichheiten zu verringern – zwischen einzelnen Volkswirtschaften wie auch zwischen gesellschaftlichen Gruppen oder Schichten eines Landes. Dieser Gedanke stand auch Pate, als die Europäische Wirtschaftsgemeinschaft (EWG) in den 1950er Jahren gegründet wurde. Die enge wirtschaftliche Verflechtung sollte helfen, den Wohlstand zu fördern und Konflikte zu verhindern. Der größere, gemeinsame Markt sollte das Wirtschaftswachstum beschleunigen und damit den Wohlstand der Bürger in Europa steigern.

Dass dies ein Erfolg war, ist unbestritten – wenngleich das in der öffentlichen Wahrnehmung häufig in den Hintergrund rückt. Heute umfasst die EU mehr als eine halbe Milliarde Einwohner. Gemessen am Bruttoinlandsprodukt ist die EU der größte Wirtschaftsraum weltweit, noch vor China und den Vereinigten Staaten. Dabei ist die Industrie mit über 50 Millionen Arbeitsplätzen ein wichtiger Faktor für Wohlstand und Beschäftigung in Europa.

Damit das langfristig so bleibt, haben Unternehmen und ihre Mitarbeiter ein gemeinsames Interesse am Erhalt und an der Stärkung des Binnenmarkts und der Wettbewerbsfähigkeit im internationalen Vergleich.

Denn trotz aller Erfolge muss sich die EU institutionell und vor allem industriepolitisch weiterentwickeln. Die EU braucht Reformen, um den Wirtschaftsraum im zunehmenden globalen Wettbewerb noch stärker und attraktiver zu machen.

Der technologische Wandel, die Anforderungen an nachhaltiges Wirtschaften und die angespannten internationalen Handelsbeziehungen stellen die Unternehmen und die Politik vor große Herausforderungen. Die kommende EU-Kommission sollte ihre

Industriepolitik daher strategisch neu ausrichten. Kern der Strategie muss es sein, Innovationskraft und Wettbewerbsfähigkeit der europäischen Unternehmen, insbesondere der Industrie, zu fördern. Dabei kommt es entscheidend auf den richtigen Mix der Instrumente an. Es geht darum, noch bessere Anreize für Innovationen zu setzen, eine sichere und bezahlbare Energieversorgung sicherzustellen und eine wettbewerbsfähige Unternehmensbesteuerung sowie eine gute Infrastruktur zu gewährleisten. Zudem müssen für die aktuellen geo- und handelspolitischen Auseinandersetzungen Antworten gefunden werden.

Globaler Wettlauf um Innovationen

Dabei sollte die europäische Politik die Industrie als Partner betrachten, um die Lösungen für die Herausforderungen der Zukunft zu entwickeln. Sei es beim Klimaschutz, bei der Entwicklung moderner und nachhaltiger Verkehrssysteme, bei der Ernährung einer wachsenden Weltbevölkerung oder auch in der Gesundheitsversorgung. Industrieunternehmen tragen mit ihren innovativen Produkten und Werkstoffen, Technologien und Anwendungen zur Lösung dieser großen globalen Aufgaben bei.

Geschwindigkeit ist dabei im globalen Wettbewerb ein wesentlicher Erfolgsfaktor. Weltweit findet heute ein Wettlauf der Nationen und Regionen um die beste Position für die Zukunft statt. Innovative Werkstoffe, leistungsfähige Energiespeicher, klimaverträgliche Mobilitätslösungen, Biotechnologie, Digitalisierung und zirkuläre Wirtschaft sind wichtige Elemente für eine nachhaltige Entwicklung unserer globalen Gesellschaft – und wachstumsstarke Märkte mit hoher Wertschöpfung und zukunftssicheren Arbeitsplätzen.

Die EU sollte bei ihrer künftigen Mittelvergabe einen klaren Schwerpunkt auf diese Themen legen und die Forschungsausgaben dafür ausweiten. Das Tempo des globalen Wettstreits um Innovationen wird mehr und mehr aus China und den Wachstumsländern in Südostasien bestimmt. In diesen Staaten unterstützen die Regierungen gezielt Wissenschaft und Forschung mit beträchtlichen finanziellen Mitteln und schaffen regulatorische Spielräume, um Innovationsprozesse zu beschleunigen.

Damit aus Forschung auch marktfähige Produkte werden können, sind eine innovationsfreundliche Gesetzgebung sowie die Qualität von Rechtsvorschriften und deren Umsetzung von entscheidender Bedeutung. Hier hat die EU in den letzten Jahren bereits gute Ansätze gezeigt. Wichtig ist dabei: Neue Gesetze sollten umfassend auf ihre Auswirkungen auf die Wettbewerbs- und Innovationsfähigkeit überprüft werden. Gerade für viele kleine und mittlere Unternehmen entsteht hier sonst viel Zusatzaufwand, der ihre Entwicklung behindert.

Vorreiter bei Klimaschutz und zirkulärer Wirtschaft

Für die Industrie in Europa ist insbesondere eine zukunftsgerichtete Energie- und Klimapolitik entscheidend. Die EU-Kommission will ihre ambitionierten Klimaschutzziele mit einer Strategie begleiten. Dabei hilft auch »mehr Europa«. Der EU-Binnenmarkt für Strom und Gas sollte realisiert werden, um die Versorgungssicherheit und wettbewerbsfähige Energiepreise zu fördern. Darüber hinaus sollten Investitionen in den Klimaschutz unterstützt und alle Sektoren in die Pflicht genommen werden. Industrie und Energiewirtschaft erfüllen ihre Ziele zur CO_2-Reduktion bereits über den Emissionshandel. Da die energieintensive Chemie im globalen Wettbewerb steht, wäre ein weltweites System zur CO_2-Bepreisung – zumindest auf Ebene der G20 – eine mögliche Perspektive. Damit ließen sich Nachteile für den Standort Europa vermeiden.

Auch beim Thema zirkuläre Wirtschaft hat die Europäische Kommission ambitionierte Pläne. Sie will die EU für eine globale Vorreiterrolle positionieren. Zirkuläres Wirtschaften bedeutet das Wirtschaftswachstum vom Verbrauch endlicher Ressourcen zu entkoppeln. Es ist notwendig, den gesamten Produktlebenszyklus zu betrachten und die zum jeweiligen Zeitpunkt technisch, wirtschaftlich und ökologisch optimale Lösung zu nutzen. Die hierfür erforderlichen Innovationen eröffnen ebenfalls neue Wachstumschancen.

Für offenen Welthandel einsetzen – selbstbewusst und wertebasiert

Aber nicht allein Wettbewerbs- und Innovationsfähigkeit tragen dazu bei, dass sich international tätige Unternehmen auf den globalen Märkten behaupten können. Eine offene und regelbasierte Welthandelsordnung ist hierfür eine entscheidende Voraussetzung. Die wachsenden Spannungen in den internationalen Handelsbeziehungen unterstreichen die Bedeutung der EU. Insbesondere ihrer gemeinsamen Handelspolitik ist es zu verdanken, dass Europa seine Position gegenüber den großen Volkswirtschaften China und USA vertreten kann.

Die EU muss sich auch in Zukunft dafür einsetzen, dass das offene Welthandelssystem erhalten bleibt. Mit Selbstbewusstsein und auf der Basis gemeinsamer Werte. Die Europäische Kommission braucht eine neue Handelsstrategie, die Antworten auf das Vorgehen der USA und Chinas findet. Zugleich muss sie darauf hinwirken, die Rolle der Welthandelsorganisation (WTO) zu stärken, und ergänzend weitere bilaterale Handelsabkommen schließen. Dafür ist es unerlässlich, dass die EU in Handelsfragen geschlossen nach außen auftritt.

Ein starkes Europa für eine erfolgreiche Zukunft

Zu europäischen Lösungen in den politischen Zukunftsfragen wie Klima- und Umweltschutz, Digitalisierung und Migration gibt es schlicht keine Alternative. Nur eine politisch handlungsfähige und wirtschaftlich starke EU kann die globalen Herausforderungen im Sinne aller Bürger in Europa mitgestalten. Dafür ist es aber auch erforderlich, den Nutzen und die Vorteile aus einem geeinten Europa in der öffentlichen Debatte immer wieder klar zu benennen.

EUROPA BRAUCHT MEHR STRATEGIE UND SELBSTBEWUSSTSEIN

Wolfgang Eder

Alter Kontinent – was nun?

Als vor gut zehn Jahren die Wirtschafts- und Finanzkrise von den USA ausgehend über Europa hereinbrach, war das nicht nur ein Schock, den in dieser Form niemand erwartet hatte, sondern der Beginn einer Identitätskrise, die seitdem weiter schwelt. Vorbei war es mit der nach der EU-Osterweiterung 2005 da und dort zumindest in Ansätzen spürbaren Zukunftseuphorie. Dabei sorgten die Niedrigzinspolitik der Europäischen Zentralbank (EZB) und legendäre Aussagen wie »whatever it takes …« ihres Präsidenten Draghi zwar für die nötige Ruhe an den Finanzmärkten und ließen die Wirtschaft insbesondere der starken EU-Länder wieder florieren. Auf der anderen Seite unterdrückte das billige Geld aber weitgehend Impulse zu strukturellen Reformen der Staatengemeinschaft insgesamt, vor allem aber auch in wirtschaftlich angeschlagenen Regionen, insbesondere im südlichen Europa. Auch wirtschafts- und industriepolitisch offenbarte sich immer öfter das Fehlen einer gemeinsamen Strategie, immer häufiger wurde sie ersetzt durch nationale Alleingänge, etwa die recht salopp initiierte Energiewende in Deutschland. Zu einer weiteren Zerreißprobe kam es im Zuge der 2015 aufflammenden Flüchtlingskrise, die über die massiven Divergenzen im Bereich der Wirtschafts- und Finanzpolitik hinaus auch in der Migrations- und Sozialpolitik tiefgreifende

Gesinnungsunterschiede deutlich machte und in zahlreichen Mitgliedstaaten nationalistischen und populistischen Strömungen zu ungeahnten Höhenflügen verhalf. Das zweifelhafte Schauspiel um den Brexit – der Ausdruck Drama wäre in diesem Zusammenhang wohl zu vornehm –, die mangelnde Entschlossenheit der EU angesichts der »America First«-Politik von US-Präsident Trump sowie Chinas politischer und wirtschaftlicher Machtanspruch runden die Gemengelage ab. Kurz: Kaum jemals seit Bestehen der EU stand Europa nicht nur als Wirtschaftsstandort vor so großen Fragezeichen wie heute, wogegen die Konkurrenz in Asien und Nordamerika aus ihren politischen und wirtschaftlichen Zielen kein Hehl macht.

Die Zukunft wird nur gemeinsam funktionieren

Vor dem Hintergrund dieser Herausforderungen sollten sich die europäischen Reihen gerade im Hinblick auf die notwendige Klärung der zukünftigen geopolitischen und wirtschaftlichen Rolle des Kontinents schließen – könnte man zumindest meinen. Tatsächlich scheint derzeit das Gegenteil zu passieren. Und das nicht erst seit gestern: Plumpe gegenseitige Schuldzuweisungen nicht nur in der Migrationsfrage auf höchster politischer Ebene in immer mehr Ländern sowie nationale Interessen bestimmen in den letzten Jahren immer stärker die politische Rhetorik. Sie verhindern zunehmend die konstruktive Auseinandersetzung mit drängenden Fragen der Gegenwart und möglichen Lösungsansätzen für die Zukunft. Letztlich dreht sich alles um eine einzige Frage: Wie können die politischen Institutionen, aber auch wir als Entscheidungsträger der Wirtschaft, Europa als Ganzes dauerhaft zukunftsfähig machen, dabei auch noch – wo berechtigt – nationale Unterschiede und Besonderheiten im Blick behalten und in diesem Spannungsfeld eine stabile europäische Identität entwickeln? Gehen wird dies nur mit Offenheit, Mut zur Veränderung und – wahrscheinlich am schwersten zu erreichen – dem Blick über den nationalen Tellerrand hinaus. Ziel kann es allein sein, uns nicht mehr als Deutsche, Franzosen, Schweden, Polen, Italiener oder Österreicher zu fühlen, sondern mehr denn alles andere als Europäer. Wir brauchen dazu – auch in der Zukunft – nicht auf unsere jeweilige Geschichte zu verzichten, auch nicht auf nationale Eigenheiten, wir müssen nur darüber den großen gemeinsamen Schutzschirm Europa in den langfristig existenziellen politischen, gesellschaftlichen und wirtschaftlichen Fragen endlich akzeptieren.

Das gilt vor allem für die Politik, die heute mehr denn je gefordert ist, nicht dem populistischen nationalen Mainstream nachzugeben und damit die europäische Idee dem historischen Reißwolf zu opfern, sondern gut begründet Flagge in Richtung gemeinsamer Zukunft zu zeigen. Dies selbst auf die Gefahr hin, auf diesem Weg – so schmerzlich dies im Einzelfall auch sein mag – das eine oder andere Land zu verlieren; der Raum für Kompromisse ist beschränkt und muss beschränkt bleiben, in unser aller Zukunftsinteresse. Europa darf nicht zur Beliebigkeit verkommen, vielmehr sollte allen bewusst sein, dass Europa für jedes einzelne Land nicht nur nehmen heißen kann, sondern genauso geben heißen muss – und das nicht nur in finanzieller, sondern auch in politischer und emotionaler Hinsicht.

Angesichts des Vertrauensverlusts in der Bevölkerung – in deren Fokus neben der Politik zunehmend auch »die Konzerne«, »die Medien« oder einmal mehr auch »die Banken« stehen – können es sich auch deren Lenker nicht mehr länger leisten, sich nur für Strategie, Umsatz, Ergebnis und Kennzahlen zuständig zu erklären. Unternehmer und Unternehmen haben heute mehr denn je auch einen gesamtgesellschaftlichen Auftrag. Sie haben ihr Wirken, ihren Nutzen, ihren Wert- und Wertebeitrag aus Glaubwürdigkeits- und damit Akzeptanzgründen im Sinne eines großen gemeinsamen Ganzen verständlich zu machen. Tun sie das nicht, droht politische und gesellschaftliche Ächtung. Der Katalysator und Indikator für Erfolg oder Misserfolg dafür heißt Social Media und ist gnadenlos, hin und wieder wohl auch in die falsche Richtung.

Europa muss sich auf seine Stärken besinnen

Europa macht sich durch seinen häufig unkoordiniert, ja unbeholfen wirkenden Auftritt international kleiner und schwächer, als es ist. Die EU liegt in ihrer wirtschaftlichen Bedeutung gleichauf mit China und den USA und müsste in der globalen Wahrnehmung eine Rolle auf Augenhöhe mit ihnen spielen, tut sie aber nicht. Dies nicht zuletzt, weil sich vor allem die großen Mitgliedstaaten – und nicht nur sie – immer noch lieber jeder für sich verkaufen als das gemeinsame Europa. Kaum jemand registriert daher die wirtschaftliche Power, die von 500 Millionen Menschen in einer hochentwickelten Region und dem von ihnen gemeinsam generierten Bruttonationalprodukt ausgeht. Abgesehen von den damit verbundenen politischen Implikationen dürfen wir uns daher auch nicht wundern, dass die EU im Bewusstsein der internationalen Öffentlichkeit weder als Wirtschaftsmacht noch als technologischer Trendsetter angekommen oder gar verankert ist. Dies, obwohl sie in einer Reihe von Wirtschaftsbereichen über High-Tech-Industrie und Spitzenforschung verfügt. Gerade wenn es um die großen Fragestellungen unserer Zeit wie Klimawandel, Energieeffizienz und neue Verkehrsmodelle geht, ist Europa eindeutig eher Teil der Lösung als Teil des Problems. Von zukunftsträchtigen Bahn- oder

Luftfahrtkonzepten (die andere dann kopieren) bis zur energiesparenden Gebäudetechnik – die Basis dafür kommt aus Europa, und es könnte noch viel mehr sein, würde sich die europäische Politik nur ansatzweise zu einem mit Augenmaß gelebten »Europa zuerst« durchringen. Aber Entscheidungen wie jüngst im Bahnbereich oder das geradezu blindwütige Verdammen der Dieseltechnologie, ohne darauf aufbauende mögliche Zukunftskonzepte auf Hybridbasis auch nur zu prüfen, werden Europas industrielles Standing in der Welt – zur Freude anderer – nicht gerade fördern. Anstatt an eigene Stärken zu glauben und konsequent daran zu arbeiten, haben wir in Europa heute eine Tendenz, andere und ihre Errungenschaften vielfach weitgehend kritiklos zu bewundern – von Silicon Valley bis Singapur – und uns selbst infrage zu stellen, anstatt an uns und unsere Stärken zu glauben und sie konsequent zu leben. Und noch etwas: Europa verfügt im internationalen Vergleich über außergewöhnlich viele hochqualifizierte Menschen – auf diese Stärke können und müssen wir bauen, sie müssen wir in einem multilateralen Ansatz fördern, vor allem die Jungen, mit Instrumenten wie dualer Lehrausbildung oder dem Erasmus-Programm, dem wohl bemerkenswertesten und erfolgreichsten Bildungs- und Integrationsmodell der jüngeren Vergangenheit, das abgesehen von der Bildungsvermittlung immer mehr junge Menschen an Europa glauben lässt. Darüber sollten wir sprechen und über die Chancen einer gemeinsamen Zukunft, nicht Zukunftsängste durch den angeblich millionenfachen Wegfall von Arbeitsplätzen durch künstliche Intelligenz und Digitalisierung schüren. Denn entgegen allen Unkenrufen wird auch die vierte industrielle Revolution – so wie schon ihre drei Vorgänger – neue Perspektiven schaffen und die Menschen alles andere als überflüssig machen. Wir müssen uns nur rechtzeitig darauf einstellen, möglichst bevor es andere außerhalb Europas tun. Bloß zu lamentieren hat noch nie geholfen.

Integration schafft Identität und Zukunft

Im Zuge von fast 75 Jahren Frieden ist Europa trotz aller Probleme und Rückschläge in einem Ausmaß zusammengewachsen, wie sich das die Gründungsväter dessen, was heute Europäische Union heißt, wahrscheinlich erhofft haben, realistischerweise aber kaum erwarten durften. Nie ging es den Menschen hier trotz eines nach wie vor erheblichen Wohlstandsgefälles wirtschaftlich besser als heute, und noch nie in der Geschichte gab es in Europa eine so lange andauernde Friedensperiode. All das ist keine Selbstverständlichkeit, aber nicht ganz leicht vermittelbar. Denn Menschen bewerten ihre aktuelle persönliche Situation und Gemütslage verständlicherweise deutlich höher als geschichtliche Errungenschaften. Europa weitgehend ohne Grenzen und mit einheitlicher Währung ist heute schon so selbstverständlich geworden, dass sich manche offensichtlich ermutigt fühlen, neuen Nationalismus und Protektionismus politisch einzufordern, anstatt Vertrauen und Zuversicht in die europäische Idee weiter zu stärken. Es braucht darauf die richtige Antwort, und die kann nur heißen, die gemeinsamen Stärken und Chancen Europas noch viel mehr als bisher im Bewusstsein der Bürger zu verankern. Zielsetzung muss es dabei sein, eine gemeinsame Identität nicht nur als freie, selbstbestimmte und zukunftsorientierte Gesellschaft zu schaffen, sondern zu deren Absicherung auch einen global wettbewerbsfähigen Wirtschaftsstandort. Was die Europäische Union gerade in Zeiten separatistischer und nationaler Tendenzen dafür mehr braucht als je zuvor, ist eine positive, greifbare und vor allem für die Menschen nachvollziehbare Zukunftsstrategie. Hierzu müssen wir alle unseren Beitrag leisten.

EIN NEUER PAKT FÜR AUSBILDUNG UND FACHKRÄFTE

Matthias Hartmann

Als im Juni 2004 Bundesregierung und Spitzenverbände der deutschen Wirtschaft den Nationalen Pakt für Ausbildung von Fachkräftenachwuchs beschlossen, war die Welt noch eine andere. Es gab keine Smartphones, von einer kompletten digitalen Vernetzung der Wertschöpfungsketten konnte noch keine Rede sein, Daten gab es ungleich weniger, und es gab kaum unbesetzte Ausbildungsstellen.

Die Herausforderungen des Jahres 2019 sind nicht geringer geworden. Ging es vor rund 15 Jahren darum, möglichst viele Jugendliche in eine Ausbildung zu bringen, ihnen somit eine berufliche Perspektive zu geben und gesellschaftliche Partizipation zu ermöglichen, so stehen wir 2019 vor einer ebenso großen Aufgabe: Die mit der Digitalisierung einhergehende Automatisierungsmöglichkeit von Tätigkeitsfeldern empfinden viele Bürger als mögliche Bedrohung ihrer beruflichen Perspektiven. Gleichzeitig fehlen uns in Europa wegen des fortschreitenden demografischen Wandels und des jahrelangen Zauderns um ein modernes Zuwanderungsgesetz zunehmend qualifizierte Fachkräfte, die die Chancen dieser Entwicklung für sich nutzen könnten. Somit fällt eine aufkommende Vertrauenskrise mit einer sich verschärfenden Qualifizierungskrise zusammen, wie IBMs CEO Ginni Rometty in Davos treffend festhielt.

58

Vertrauens- und Qualifizierungskrise

Und wie im Jahr 2004 dürfen wir nicht mit dem Finger aufeinander zeigen. Wir, das sind die politischen Entscheidungsträger und die Verantwortlichen in den Unternehmen und Verbänden. Es bedarf einer gemeinsamen Kraftanstrengung, damit aus der Vertrauens- keine Institutionenkrise und aus der Qualifizierungs- keine Arbeitsmarktkrise wird. Unter diesem gemeinsamen Ziel müssen Politik und Wirtschaft ihre gemeinsame Verantwortung ernster nehmen und den jeweils anderen als Partner auf Augenhöhe anerkennen.

Denn diese Partnerschaft hat nicht erst seit den Ergebnissen des Ausbildungspaktes 2004 gelitten. Aufseiten der Wirtschaft mangelt es häufig an einem Verständnis für politische Prozesse und der Erkenntnis, dass politische Entscheidungen – glücklicherweise – selten den Marktgesetzen folgen. Umgekehrt kann man zunehmend feststellen, dass einige politische Entscheidungen einen eklatanten Mangel an Verständnis für die Wurzeln unseres wirtschaftlichen und sozialen Wohlstandes zeigen: Wohlstand entsteht durch Wachstum und Wachstum durch Profit von Unternehmen. Dafür gilt es die richtigen Rahmenbedingungen zu schaffen, sei es bei Investitionen, Steuern oder aber in der Aus- und Weiterbildung.

Aus- und Weiterbildung als Herzstück einer neuen Partnerschaft

Als Unternehmer investieren wir nicht aus Altruismus in Aus- und Weiterbildung. Der Arbeitsmarkt für Fachkräfte z. B. im Bereich Cybersicherheit, Künstlicher Intelligenz und weiterer neuer Technologien ist so gut wie leergefegt. So bilden wir seit Jahrzehnten eigenen Nachwuchs aus. Um aber langfristig wettbewerbsfähig zu bleiben, liegt eine ebenso große Herausforderung in der Requalifikation (neudeutsch Reskilling) unserer heutigen Belegschaft. Dies tun wir auf der Basis modernster Lernplattformen, die eine kontinuierliche, sich an schnell wandelnden Marktbedingungen orientierende Weiterbildung ermöglichen.

Doch wenn aktuell nur rund ein Drittel befragter CEOs glaubt, dass ihre Belegschaft die richtigen Fertigkeiten für den technologischen Wandel besitzt, dann ist dies der letzte Warnschuss, um zusammen mit den Sozialpartnern neue Konzepte zur Requalifizierung breiter Mitarbeiterschichten zu erarbeiten. Dabei rücken wir nicht nur Qualifikationen im engeren Sinne – wie Coding – in den Mittelpunkt, sondern verändern auch das gesamte Arbeitsleben, indem wir mit Methoden des kontinuierlichen Lernens Neugier und Lust auf Veränderung wecken und stärken. Dies gelingt uns schon heute am besten dort, wo multidisziplinäre Teams gemeinsam an Aufgaben arbeiten, wo jedes Teammitglied bestimmte Fertigkeiten mit- und einbringt, darüber hinaus aber bereit ist, am Projekt zu wachsen und sich weiterzubilden. Lernen findet zunehmend im Prozess statt und damit im Betrieb. Leider geht das Qualifizierungschancengesetz der großen Koalition einen ganz anderen Weg, indem finanzielle Anreize für eine möglichst lange Weiterbildung durch externe Dienstleister geschaffen wurden.

Die Weiterbildung im Betrieb hat in unserem Fall noch einen nicht zu unterschätzenden Vorteil: Sie kann Mitarbeitern die Furcht vor einem Arbeitsplatzverlust durch Künstliche Intelligenz (KI) nehmen, weil IBM sowohl bei internen Prozessen als auch bei Services und Produkten für Kunden auf KI setzt. Künstliche Intelligenz verstehen wir als ein Werkzeug des Arbeitnehmers zur Erweiterung seiner Fähigkeiten, sei es bei der Suche nach internen Ausbildungsangeboten, offenen Stellen oder beim Skill-Matching.

Um diesen Prozess umfassend zu begleiten, arbeiten wir gemeinsam mit der Gewerkschaft ver.di an einer wissenschaftlichen Untersuchung, um die Auswirkungen von KI auf unser künftiges Arbeiten zu erheben. Die Anwendungsstudie macht es sich zum Ziel, den Effekt von KI am Arbeitsplatz unter anderem durch den Einsatz von Feldexperimenten zu untersuchen und hierbei Unterschiede in der Nutzung und in den Folgen des Einsatzes der KI zwischen Berufen, Tätigkeiten und Qualifikationsniveaus aufzudecken.

Kulturwandel erfordert Ausdauer

Dies ist ein echter Kulturwandel: Arbeiten in kleinen, agilen Teams, Qualifizierung on the Job, neue Methoden und Techniken wie Design Thinking erlernen und einsetzen. Also kontinuierliches Lernen über das gesamte Erwerbsleben? Manch einem mag dabei schwindelig werden. Veränderung verlangt das Ausbrechen aus der Komfortzone und das Überwinden des inneren Schweinehunds. Aber auch dabei müssen die Sozialpartner und die Politik in die Pflicht genommen werden. Im Rahmen von tariflichen Bündnissen stärken wir flexible Arbeitszeitmodelle und Zeitsouveränität, ermöglichen mobiles Arbeiten und eine Stärkung der Vereinbarkeit von Privatleben und Beruf. IBM ermöglicht nicht nur jungen Nachwuchstalenten ein berufsbegleitendes duales Masterstudium, sondern auch ausgewählten Professionals, wenn sie sich verändern wollen. Wir investieren in »Mid-Career Development« und ermöglichen Müttern über interne Programme eine individuelle Rückkehr in den Beruf. Im Mittelpunkt steht aber die individuelle Weiterbildung eines jeden einzelnen IBMers. Deshalb haben wir bei IBM Deutschland im Durchschnitt pro Mitarbeiter 6,5 Schulungstage in die persönliche Weiterbildung im vergangenen Jahr investiert. Weit über dem

Durchschnitt der Unternehmen, der laut aktueller BITKOM-Studie bei 2,3 Weiterbildungstagen liegt. Darunter sind neue Srcum-Master, die vorher im Marketing gearbeitet haben, oder Agile-Experten, die vorher im Vertrieb tätig waren. Dies hat uns gezeigt, dass es immer mehr auf die Förderung der Motivation und Neugier des Einzelnen als auf die individuelle formelle Vorbildung ankommt. Dies muss auch von der Politik anerkannt werden.

Sieben Vorschläge, um Barrieren zu beseitigen und Chancen zu ergreifen

Die Europäische Union hat mit der »New Skills Agenda for Europe« 2016 einen wichtigen Impuls geliefert. IBM unterstützt das 10-Punkte-Programm nicht nur, sondern nimmt selbst auch an Initiativen wie dem »Pact for Youth«, der »EU Vocational Skills week« oder der »Bratislava Declaration« on e-skills« teil.

Klar ist aber auch: Bildung ist Sache der Mitgliedstaaten. In Irland haben wir deshalb gemeinsam mit starken Partnern und der Regierung Ausbildungsgänge nach Vorbild der deutschen Berufsschule aufgebaut: P-TECH fungiert an der Schnittstelle zwischen Ausbildung und Studium und ermöglicht Studenten praktische Erfahrungen in Unternehmen. Der Fokus liegt auf digitalen Fertigkeiten und neuen Wegen der Zusammenarbeit.

Auch in Deutschland müssen wir deshalb gemeinsam Barrieren beseitigen und die Chancen ergreifen, die die Digitalisierung uns bietet:

Erstens, die betriebliche Fortbildung muss gestärkt und gleichberechtigt der außerbetrieblichen gegenübergestellt werden. In diesem Sinne muss das Qualifizierungschancengesetz angepasst werden, damit es seinem Wortlaut gerecht wird.

Zweitens müssen wir im Rahmen der Nationalen Weiterbildungsstrategie ein zeitgemäßes Weiterbildungsregime entwickeln, das digitale Angebote fördert, um digitale und KI-Kompetenz der Erwerbstätigen zu stärken.

Hierbei muss auf eine moderne Weiterbildung gesetzt werden. Konzepte wie »Blended Learning« kombinieren Online- und Präsenzformate, den Erwerb von Erfahrungswissen, klassische Lerneinheiten und selbständiges Lernen über digitale Bildungsangebote.

Die Idee des Aufbaus entsprechender digitaler Weiterbildungsplattformen stellt einen Schritt in die richtige Richtung dar. Darüber hinaus müssen universitäre (berufliche) Weiterbildungsangebote gestärkt und modularer und förderfähig ausgestaltet werden.

Drittens muss die Arbeitnehmerfreizügigkeit in Europa und darüber hinaus deutlich gestärkt werden. Unternehmen leben vom Austausch und der Kreativität ihrer Mitarbeiterinnen, unabhängig davon, ob diese nun in Berlin, Warschau oder Bangalore sitzen.

Viertens sollten wir gemeinsam bestehende duale und universitäre Ausbildungsgänge an die Erfordernisse des digitalen Wandels anpassen. Die IBM beteiligt sich in diesem Zusammenhang an der Konzeption von Studiengängen an verschiedenen Universitäten.

Fünftens, provokant gesagt: Der Girls' Day muss überflüssig werden. Stattdessen müssen wir unsere Lernkultur für alle ändern. Schülerinnen und Schüler müssen nicht alle coden oder programmieren können. Viel wichtiger ist es, sie neugierig zu machen, ihren Entdeckergeist zu wecken, sie zu ermutigen, Dinge zu erforschen und Gegebenes zu hinterfragen.

Sechstens: Ja, wir brauchen mehr digitale Medien in den Schulen, aber das ist nicht genug: Guter Deutschunterricht kann vom Medieneinsatz profitieren, eine schlechte Mathestunde wird nicht dadurch besser, dass ich ein Tablet einsetze. Digitale Medien vermitteln, sie sollten nicht Dreh- und Angelpunkt des Unterrichts werden. Vielmehr muss auch über die Art des Lernens nachgedacht werden, so dass Schüler selbstbestimmter lernen und so auf die Arbeitswelt von morgen vorbereitet werden. Gleiches gilt auch für die universitäre Ausbildung.

Siebtens: Lebenslanges Lernen muss als Chance begriffen werden. So wie jeder von uns einem neuen Buch, einer spannenden Serie oder einem unterhaltsamen Film entgegenfiebert, sollten wir uns auch auf neue Berufsabschnitte freuen. Diesen Appetit zu wecken, ist eine gemeinsame gesellschaftliche Aufgabe der Unternehmen, der Sozialpartner und der Politik.

ES IST ALLES SCHON IN UNS

Ingrid Hengster

Als die Europäische Union im Oktober 2012 mit dem Friedens-
nobelpreis ausgezeichnet wurde, sprach das norwegische Nobelko-
mitee von der EU als einer »Bruderschaft zwischen den Nationen,
die über sechs Jahrzehnte zur Förderung von Frieden und Versöh-
nung beigetragen habe.« Was sich heute wie die Beschreibung einer
wahr gewordenen Utopie liest, entsprach schon zu seiner Zeit nicht
ganz der Wirklichkeit, schwelte doch damals bereits der tiefe Streit
über den richtigen Weg aus der Staatsschulden- und Währungskri-
se, der die Union bis heute in Atem hält. Die Diskrepanz zwischen
einem erstrebenswerten Idealzustand und dem permanenten, oft
konfliktbeladenen Interessenausgleich zwischen 27 Nationalstaaten
ist konstitutiv für die EU. Die Krise ist ihr gewissermaßen in die
Wiege gelegt.

Die aktuelle Situation hat jedoch eine besondere Qualität. Nie
zuvor stand das europäische Projekt so unter Druck. Von außen
fordern autoritäre Systeme wie China und Russland das politische und wirtschaftliche Modell der liberalen Demokratie heraus.
Im Inneren leidet die EU an einer Legitimitätskrise. Vielen gilt
sie inzwischen als ein intransparenter Moloch mit unersättlichem
Machtanspruch. Großbritannien hat sich bereits entschieden, die
Union zu verlassen. Über die Bewältigung der Wirtschafts- und
Staatsschuldenkrise ist die Beziehung zwischen den Ländern des
Nordens und des Südens zum Teil tief gestört. Unter den Mitglie-
dern tun sich neue politische Gräben über Fragen der Rechtsstaat-
lichkeit und der Grundfreiheiten auf.

Die Herausforderungen sind also gewaltig, aber anders als viele meinen, blicken die meisten Europäer optimistisch in die Zukunft. Der österreichische Bundeskanzler Sebastian Kurz hatte also gute Gründe, als er Ende Januar 2019 in einem Interview forderte, Europa müsse wieder zu einem »Kontinent der Zuversicht« werden. Er verwies darauf, dass die Europäische Union mit ihren mehr als 500 Millionen Bürgern ein Viertel der Weltwirtschaftsleistung erbringe und einer der größten Geldgeber bei der Entwicklungszusammenarbeit und der humanitären Hilfe sei. Wir EU-Bürger genießen wie selbstverständlich die Errungenschaften eines geeinten Europa, ohne die unser Leben komplizierter, teurer, unsicherer und uninteressanter wäre: Reise- und Zollfreiheit, Freizügigkeit bei der Wahl des Studien- oder Arbeitsplatzes oder die Sicherheit von Sozial-, Verbraucher- und Umweltstandards.

Der unbestreitbare Erfolg der Europäischen Union beruht auf zwei Säulen, die für die Lösung der aktuellen Probleme wichtig sind und die wir uns deshalb wieder stärker ins Bewusstsein rufen sollten: die Anerkennung ihrer Vielfalt und die Bereitschaft zur fortwährenden Erneuerung. Beides sind Stärken, auf die sich Europa jetzt besinnen muss. Der Schlüssel dazu liegt ganz besonders in der Bildung, die neben Kenntnissen und Fertigkeiten auch soziale Kompetenzen vermittelt. Die Voraussetzungen dafür sind gut.

Europa ist nach wie vor eine der innovativsten Regionen der Welt. Seine Universitäten und Forschungseinrichtungen genießen einen hervorragenden Ruf. Vor allem die akademische Bildung in der Breite ist hervorragend aufgestellt. Die Europäische Union verfügt mit Programmen wie Erasmus, Erasmus plus, dem Europäischen Forschungsraum oder Horizont 2020 über ein gut ausgestattetes Instrumentarium zur Förderung von Bildung und Innovation. Auch das betriebliche Ausbildungssystem vor allem in den Ländern Mitteleuropas ist von hoher Qualität und hat weltweit Vorbildcharakter.

Aber das Bild ist nicht ungetrübt. Allen Anstrengungen der Politik zum Trotz leidet das Bildungssystem in Europa, nicht zuletzt das deutsche, unter chronischer Unterausstattung und strukturellen Problemen. Noch immer ist es nicht gelungen, den Bildungserfolg junger Menschen von ihrer sozialen Herkunft zu entkoppeln und die wirkmächtigen Geschlechter-Stereotype zu überwinden, die viele Mädchen und Frauen daran hindern, einen technischen Beruf zu ergreifen oder ein naturwissenschaftliches Studium zu absolvieren.

Forschergeist, Veränderungsbereitschaft, Kreativität und das Streben nach Bildung haben unseren Kontinent geprägt. Wenn Bildung einer der Schlüssel zur Bewältigung der vor uns liegenden Herausforderungen ist, dann ist es ein Gebot der Vernunft, dieses Erbe gemeinsam zu nutzen. Hierzu seien einige Handlungsansätze angerissen.

1. Verstärkte Investitionen in unsere Bildungssysteme

Es ist an der Zeit, unser Bildungssystem so auszustatten, wie es seinem Stellenwert zukommt. Gerade in Deutschland gibt es viel zu tun. Schon seit vielen Jahren kritisiert die OECD, dass Deutschland gemessen an seiner Wirtschaftsleistung weniger in Bildung investiert als andere Länder. Mit 4,2 % seines Bruttoinlandsprodukts erreichen die Bildungsinvestitionen nicht einmal den OECD-Durchschnitt von 5,3 %. Wollte Deutschland hier also zumindest das Mittelmaß erreichen, müsste es etwa 30 Milliarden Euro pro Jahr zusätzlich für Bildung aufbringen. Mit dem zwischen Bund und Ländern beschlossenen Digitalpakt ist ein wichtiger Schritt hin zu einer zeitgemäßen Ausstattung der Schulen getan.

Der kommunale Investitionsrückstand bei Schulen und Kinderbetreuung betrug im Jahr 2018 nach einer Untersuchung von KfW Research über 55 Milliarden Euro. Die KfW selbst leistet hier mit ihren Förderprogrammen für Kommunen einen wichtigen Beitrag. Zudem gilt es, den Mangel an qualifizierten Lehrer/innen und Erzieher/innen entschlossen zu beheben. Dazu müssen die Berufsbilder in Erziehung und Bildung deutlich aufgewertet, attraktiver ausgestattet und weiter professionalisiert werden.

Auch auf europäischer Ebene kann mehr getan werden, etwa indem die Mehrsprachigkeit konsequenter gefördert wird. Die Mitgliedsländer der EU haben sich auf das Ziel geeinigt, dass jeder Europäer mindestens zwei Fremdsprachen beherrschen solle. Hiervon sind wir noch ein gutes Stück entfernt. Was spricht z. B. dagegen, regelmäßige Auslandsaufenthalte als festen Bestandteil in den weiterführenden Schulen zu etablieren? Hierfür wäre es notwendig, sie konzeptionell in die schulischen Curricula einzubinden und entlang der Lehrpläne zu gestalten.

2. Weitere Förderung der Spitzenforschung

Spitzenleistungen in der Forschung sind Ausgangspunkt innovativer Lösungen für die epochalen Probleme unserer Zeit und ein zentraler Faktor für die Wettbewerbsfähigkeit einer Wirtschaft. Wenn Europa auch künftig seine Position halten und nach Möglichkeit verbessern will, müssen die Rahmenbedingungen für Spitzenwissenschaftler in Europa weiter verbessert werden. Hier haben Europa und auch Deutschland schon einiges vorzuweisen, Erfolge wie die Entwicklung eines zuverlässigen und weniger belastenden Bluttests für Brustkrebs bei jüngeren Frauen an der Universitätsklinik Heidelberg im Februar 2019 sollten uns weiter anspornen.

Ein höheres Maß an Exzellenz ist mit einer konsequenten Ausrichtung an klaren Leistungskriterien und einer entsprechenden finanziellen Ausstattung erreichbar. Die Exzellenz-Strategie des Bundes und der Länder ist hierfür ein wichtiger Schritt.

3. Annäherung von Wissenschaft und Gesellschaft

In den vergangen Jahren haben sich Wissenschaft und Gesellschaft zunehmend voneinander entfernt. In Teilen der Gesellschaft erodiert das Verständnis für wissenschaftliches Denken, es wächst Misstrauen gegenüber der Wissenschaft. Ohne sie sind aber die Probleme des Klimawandels, der Digitalisierung oder der Migration nicht zu bewältigen. Wissenschaft braucht gesellschaftliche Akzeptanz und Legitimität. Deshalb sollte sie sich stärker nach außen öffnen. Wissenschaftler sollten dort stärker präsent sein, wo relevante gesellschaftliche Projekte diskutiert werden; hier gibt es bereits positive Ansätze, die weiterverfolgt und ausgebaut werden sollten:

So leistet die Initiative »Wissenschaft im Dialog« des Stifterverbands für die Deutsche Wissenschaft mit ihren Veröffentlichungen und Veranstaltungen einen wertvollen Beitrag. Sie verdient breite Unterstützung. Auch die »Wissenschaftsmärkte«, bei denen Universitäten und Institute in deutschen Städten den Kontakt zu den Bürgern suchen, oder die an vielen Hochschulen angebotenen »Kinderunis« sind ein guter Ansatz. Ein Raum für die Begegnung von Wissenschaft und Gesellschaft könnte auch der Arbeitsplatz sein: Unternehmen könnten wissenschaftliches Denken oder die Begegnung mit Wissenschaftlern verstärkt in ihre Fort- und Weiterbildungsangebote und internen Dialogformate integrieren.

4. Mehr voneinander lernen

Der im Management angewendete »Best Practice«-Ansatz lässt sich durchaus auf Europa übertragen. Jedes Land hat aus seiner Geschichte heraus spezifische Methoden entwickelt, um Probleme zu lösen. Deshalb sollten wir uns unvoreingenommen an Erfolgsmodellen anderer Länder orientieren. Aus den Erfolgen skandinavischer Länder in der Bildungspolitik lassen sich auch anderswo Lehren ziehen. Und warum sollten wir uns nicht vom französischen Bildungssystem inspirieren lassen, dessen hochentwickelte und flächendeckende Écoles maternelles schon den Drei- bis Sechsjährigen Grundlagen der Sozialisation vermitteln und sie an wichtige Kulturtechniken heranführen? Umgekehrt könnten sich andere Länder an der dualen Berufsausbildung orientieren, wie sie in Deutschland und Österreich so erfolgreich praktiziert wird.

Das Thema Europa sollte stärker den öffentlichen Diskurs bestimmten. Hierzu brauchen wir stärkere Impulse aus dem Kreis der Intellektuellen. Ihre Aufgabe wäre es, die Debatte über den europäischen Prozess anzuführen. Am 25. Januar 2019 haben sich z. B. 30 bedeutende Schriftsteller als »europäische Patrioten« in der französischen Zeitung »Libération« dem Aufruf Bernard-Henri Lévys angeschlossen, die Einheit Europas gegen die Anfechtungen des nationalen Egoismus zu verteidigen. Es ist schade, dass dieser Aufruf bislang nur ein geringes Echo gefunden hat. Hier wären auch die Medien gefordert, solchen Initiativen mehr Raum zu geben.

Europa: Kontinent der Zukunft

Der Glaube an die Gestaltbarkeit einer offenen, demokratischen Gesellschaft gehört zum historischen Erbe Europas. Die Frage, wie wir in Europa mit den Umwälzungen unserer Zeit umgehen, ob wir Objekte oder Subjekte der Veränderung sind, entscheidet sich nicht zuletzt daran, mit welcher Haltung, aber auch mit welchem Rüstzeug wir in die Zukunft gehen. Für beides ist eine fundierte Bildung elementar.

Ein Kontinent, der sich seiner Stärken bewusst ist, wird auch künftig in der Lage sein, die Zukunft selbst in die Hand zu nehmen und innovative, kreative Lösungen für die bevorstehenden Herausforderungen zu finden. So kann Europa nicht nur zum Kontinent der Zuversicht, sondern auch zum Kontinent der Zukunft werden.

EIN PLÄDOYER FÜR »MADE IN EUROPE«

Peter Oswald

Deutschland ist ein Land der Erfinder. Ob Aspirin, Airbags, Kontaktlinsen oder Playmobil: Deutsche Erfindungen sind aus unserem Alltag nicht wegzudenken. Doch was nützt eine geniale Erfindung, wenn sie keiner umsetzt? Hier kommt die Fertigung ins Spiel – die Fähigkeit, Ideen aufzugreifen und mit Sorgfalt und Präzision millionenfach zu replizieren. Auch darin sind die Deutschen Meister und haben mit ihrer verarbeitenden Industrie Erfolgsgeschichte geschrieben.

Wer etwas herstellt, löst ein Problem. Das liegt in der Natur der Sache. Produzenten nehmen sich der Komplexität der realen Welt an und schaffen praktische Lösungen. Der am Reißbrett entstandene Entwurf wird zur Inspiration für die Herstellung nachhaltiger Produkte, die unser Leben verbessern und neue Entwicklungsrichtungen aufzeigen.

Die verarbeitende Industrie in der EU zeigt ein gemischtes Bild. Nach meiner Zeit im Dienstleistungssektor in einem Verlag und bei der Deutschen Bank trat ich 1990 in die Industrie ein. Seither, also in den letzten 30 Jahren, ist der Anteil der Industrie am Bruttoinlandsprodukt in den meisten entwickelten Volkswirtschaften deutlich zurückgegangen. Deutschland nimmt mit seiner Fertigungsindustrie, die gut 20 Prozent des BIP[1] ausmacht, eine Ausnahmestellung ein. In vielen anderen Industrienationen

---

1   https://www.theglobaleconomy.com/Germany/Share_of_manufacturing/ (letzter Aufruf 21.2.2019).

wie Großbritannien und Frankreich steuert der Produktionssektor je nur rund zehn bis zwölf Prozent zum Bruttoinlandsprodukt bei.

Länder wie China oder Indien, in denen sich Technologien, Fertigkeiten und Bildungsniveau unglaublich rasant weiterentwickeln, begnügen sich heute verständlicherweise nicht mehr mit »Billigproduktion«. Die Regierungen dieser Länder verstehen sich als Türöffner für die verarbeitende Industrie, und für junge Menschen ist eine berufliche Laufbahn in dieser erstrebenswert.

Für uns in Europa ist es an der Zeit, an der Vision »Made in Europe« verstärkt zu arbeiten.

Bei Mondi sind wir stolz auf unsere Wurzeln in der europäischen Produktionstradition. Ende der 1980er Jahre kaufte das südafrikanische Papierunternehmen Mondi die österreichische Neusiedler- und Frantschach-Gruppe und war danach noch immer nicht unter den Top 50 der globalen Verpackungs- und Papierunternehmen zu finden. Dank einer starken Expansionsstrategie, vor allem in Zentraleuropa und Russland, ist das seit 2007 in London und Johannesburg gelistete Unternehmen Mondi heute unter den Top 5 der Verpackungs- und Papierunternehmen weltweit, mit einer Börsenkapitalisierung von ca. 10 Milliarden Euro. In Deutschland ist Mondi als Anbieter von Weichverpackung, Folien, Wellpappeschachteln und Industriesäcken eines der führenden Verpackungsunternehmen mit elf Produktionsstandorten und erzielt am deutschen Markt ca. eine Milliarde Euro Umsatz.

Welches Europa wünsche ich mir, und welche Bedeutung hat das für die Verpackungs- und Papierindustrie und damit auch für Mondi?

Ein Europa der Nachhaltigkeit

2018 war das Jahr der Wende für die Verpackungsindustrie: Die BBC-Bilder von im Meer schwimmenden Plastikverpackungen haben uns alle betroffen gemacht; dass Fische Mikroplastik enthalten, hat uns schockiert.

Was ist zu tun?

Zunächst: Wir werden weiter Verpackung brauchen, weil sie wesentlich dazu beiträgt, das Verderben von Lebensmitteln zu verhindern. Weltweit verdirbt circa ein Viertel aller Lebensmittel. In einer urbanen Gesellschaft kann man eben nicht in den Garten vor dem Haus gehen und seinen Salat fürs Mittagessen ernten. Insofern erzielt Verpackung einen wesentlichen ökologischen Wert zur Verringerung von Lebensmittelabfall.

Wir werden auch nicht von heute auf morgen auf Kunststoffverpackungen verzichten können, weil Kunststoff Barriereeigenschaften hat, die die Haltbarkeit von Lebensmitteln in den Regalen der Supermarktketten und bei uns im Kühlschrank verlängern – und damit Verderben verringern.

Aber es gibt viele Bereiche, wo Plastik durch Papier ersetzt werden kann. Papier ist nicht nur wiederverwertbar, sondern auch nachwachsend. Für Mondi als größtem weltweiten Hersteller von Kraftpapier und Industriesäcken ist dies eine gewaltige Chance. Unser Ziel ist es, Milliarden von Kunststofftragetaschen durch Papiertragetaschen zu ersetzen. Gartenmulch muss nicht im Plastiksack verpackt sein – unser Papiersack ist ebenso gut dafür geeignet und umweltverträglicher.

Mondi produziert aber auch Kunststoffverpackungen, und ich werde immer wieder gefragt, ob wir das nicht aufgeben sollten. Wir stehen zur Kunststoffverpackung unter zwei Prämissen: Es sollte materialsparende Weichverpackung sein: Diese reduziert den Kunststoff gegenüber formstabilen Verpackungen um ca. 70 Prozent. Wer sein Shampoo oder das Geschirrspülmittel in einem Standbodenbeutel statt einer Kunststoffflasche verwendet, spart also 70 Prozent Plastik und damit viel Müll. Die zweite Prämisse ist die Recyclingfähigkeit: Wir haben 2018 den preisgekrönten, vollständig recycelbaren Kunststoffbeutel BarrierPack Recyclable auf den Markt gebracht und bereiten derzeit die Einführung einer Reihe von nachhaltigen Produkten, unsere EcoSolutions, vor.

Mondi lebt Nachhaltigkeit seit vielen Jahren: Wir haben unsere CO_2-Emissionen pro Tonne Papier seit 2004 um 38 Prozent gesenkt. Zwei Drittel unseres Energieverbrauchs stammen aus erneuerbaren Energien. Was sich 2018 aber geändert hat und es zum »Jahr der Wende« macht, ist, dass unsere Papierverpackungslösungen eine Reihe von Kunststoffverpackungen ersetzen werden und auch unsere Kunststoffverpackungen durch ihre Materialeinsparungen und Recyclingfähigkeit einen Beitrag leisten.

Ein digitales Europa

Die Digitalisierung wird einen nicht zu unterschätzenden Einfluss auf das Wirtschafts- und Sozialleben haben. Wir wissen, dass Europa hier weit hinter den USA und China hinterherhinkt, egal, ob es um Sprach- oder Gesichtserkennung, Clouds, Big Data oder Algorithmen geht: Hier sind gewaltige Anstrengungen notwendig.

War die Verpackungs- und Papierindustrie noch vor einigen Jahren als Lowtech angesehen, hat sich dies gewandelt: Wer zum Beispiel unser Werk in Steinfeld in Niedersachsen besucht, das größte Werk der Welt für Beutel für Trockentierfutter, wird eine

Vielzahl modernster Roboter finden. Wir beschäftigen uns heute mit selbstlernenden Algorithmen für unsere Papier- und Verpackungsmaschinen und entwickeln App-Lösungen für unsere Produktionsmitarbeiter, um Stillstände und Ausschuss zu minimieren. Unsere digitale Plattform MyMondi macht die Interaktion unserer Kunden mit uns einfach und serviceorientiert.

Mondi sieht Digitalisierung ganz klar als einen der wichtigsten Wettbewerbsvorteile für die nächsten zehn Jahre und investiert entsprechend. Wir bauen gerade unser Digitalisierungsteam kräftig aus, und viele Bewerberinnen und Bewerber sind erstaunt, dass das in einer Branche erfolgt, wo sie es nicht erwartet hätten.

Weil ich Digitalisierung für so wichtig halte, war ich bereit, die Funktion des Präsidenten von fit4internet zu übernehmen, einer Initiative der österreichischen Regierung und Wirtschaft zur Förderung digitaler Kompetenzen in der Bevölkerung. Dabei wird der digitale Kompetenzrahmen der EU konkret mit Testmöglichkeiten und Schulungsangeboten umgesetzt, um die österreichische Bevölkerung digitalaffin zu machen. Wir brauchen Spitzenforscher, die die mathematischen Modelle und Algorithmen entwickeln, Unternehmer, die daraus kommerzielle Produkte erzeugen, und digital ausgebildete Mitarbeiterinnen und Mitarbeiter, um all das anzuwenden und weiterzuentwickeln.

Digitalisierung ist für Europa und Deutschland eine Riesenchance: Zum einen werden Offshoring-Entscheidungen, also Produktionsverlagerungen von Europa/Deutschland in Niedrigkostenländer durch hohe Automatisierung und Digitalisierung zum Teil rückgängig gemacht werden oder nicht erfolgen. Ein Beispiel sind unsere Roboter in Steinfeld – ohne sie hätten wir einen Teil der Produktion verlagert. Zum anderen lässt die Digitalisierung vollkommen neue Geschäftsfelder entstehen, die viele Menschen beschäftigen werden.

Ein Europa, wo arbeiten Spaß macht

Fachkräfte sind Mangelware. Wir pflegen Partnerschaften mit Universitäten, um ambitionierte Studentinnen und Studenten Jobchancen in der modernen digitalen Fertigung aufzuzeigen. Das Entscheidende aber ist, eine Unternehmenskultur aufzubauen, die Menschen motiviert. Wir wollen eine inspirierende Mondi sein, die die Generationen X, Y und Z anspricht. Eine der drei Säulen unserer Vision heißt, »Arbeitgeber der Wahl« zu sein. Wir erreichen das, indem Menschen ihre Vorstellungen und Ideen verwirklichen können und Fehler erlaubt sind. Wir sind agil (wenn auch nicht immer).

Je mehr sich Digitalisierung verbreitet, umso wichtiger sind die Menschen. Digitalisierung wird »Roboter« erschaffen, die spezifische Aufgaben exzellent lösen, viel besser als Menschen. Aber solange es keinen Allgemeinlogarithmus gibt – und ich glaube fest daran, dass es ihn nie geben wird –, so lange bleibt der Mensch im Zentrum. Bei Mondi haben wir ein Motto: »Dank Technologie arbeiten wir effizient, dank unserer Mitarbeiterinnen und Mitarbeiter intelligent.« Dieses Leitmotiv ist ein zentraler Bestandteil unseres Selbstverständnisses.

Ein kooperatives und weltoffenes Europa

Die EU-Länder sind durch Kooperation und ihre Orientierung über Landesgrenzen hinweg gewachsen. Wir machen Geschäfte miteinander, transferieren Know-how und transportieren Güter ohne Einschränkungen auf dem gesamten Kontinent, arbeiten in einem rechtlichen und politischen Rahmen, der die Mobilitätsfreiheit von Menschen und Ideen möglich macht. Mit einheitlichen

Vorschriften und Gesetzen konnten Handelshemmnisse zwischen den EU-Staaten abgebaut werden. Diese Offenheit erfordert aber auch eine durchdachte Zuwanderungspolitik, die das Wertesystem und die gesellschaftlichen Errungenschaften Europas schützt.

Wenn ich in unserem Büro in Wien mit dem Aufzug fahre, höre ich Sprachen aus aller Welt. Meine 600 Kolleginnen und Kollegen an diesem Standort kommen aus 40 verschiedenen Ländern – aber 400 sind Österreicherinnen und Österreicher. Wir bieten also hochwertige Arbeitsplätze für den Standort Wien, aber gleichzeitig haben wir die Vielfalt, die uns stark, widerstandsfähig und kreativ macht. Mondi lebt Diversität und Inklusion. Darauf bin ich wirklich stolz.

II.

AUF DEM WEG ZUM DIGITALEN KONTINENT

DIE DIGITALE GESELLSCHAFT BRAUCHT DEN EUROPÄISCHEN GEIST

Ralf Wintergerst

Unsere Gesellschaft steht gegenwärtig unter dem Einfluss vieler gleichzeitig stattfindender Veränderungen: Politische und wirtschaftliche Umwälzungen, Digitalisierung und schnelle technologische Weiterentwicklungen, globale finanzielle Instabilität sowie der voranschreitende Klimawandel sind einige der wichtigsten Themenfelder.

Wie können Staaten und Institutionen, aber auch Unternehmen in dieser Zeit noch wirksam geführt werden? Wie kann die Komplexität unseres heutigen Lebens planbar gestaltet werden? Der in den letzten Jahren erstarkende politische Populismus liefert hier einfache – aber unrealistische – Formeln. Rückzug und nationale Orientierung sind keine Antworten auf die tiefgreifenden gesellschaftlichen und wirtschaftlichen Veränderungen, die beispielsweise durch die fortschreitende Digitalisierung und die Künstliche Intelligenz eintreten werden. Und doch ist angesichts der zunehmend komplexen globalen Zusammenhänge eine wachsende politische Verdrossenheit und eine Überforderung erkennbar.

Damit sind wir bei einer entscheidenden Fragestellung für Deutschland und Europa: Setzen wir uns ausreichend mit den Veränderungen und den Hintergründen in unserer Gesellschaft auseinander? Ich meine, dass dies noch nicht geschieht. Ohne ein Verständnis für die Zusammenhänge wird letztlich auch kein Bewusstsein für neue Wege und Lösungen entstehen. Diese Frage ist nicht neu. Für den berühmten deutschen Philosophen Immanuel Kant stellte es ein erhebliches Problem dar, dass Menschen sich schnell ihrem Schicksal ergeben und sich dadurch in eine Situation der Unmündigkeit und Abhängigkeit begeben. Mit diesem Gedanken möchte ich gern auf zwei Themenstellungen fokussieren, mit denen wir in Europa Akzente für die Zukunft setzen können und sollten.

Zum einen ist dies der Schutz der Werte und der Selbstbestimmung des Menschen, zum anderen die Stärkung der wirtschaftlichen Kraft im europäischen Raum. Warum sind neue Akzente wichtig, und warum müssen die europäischen Staaten diese gemeinsam und vereint setzen?

Neue Akzente für eine veränderte Welt

Veränderungen haben meistens vielfältige Dimensionen. Am augenscheinlichsten lässt sich dies anhand der rasant voranschreitenden Digitalisierung aufzeigen, die auf alle Lebensbereiche Einfluss nimmt. Das Ergebnis dieser Entwicklungen ist im positiven Sinne phänomenal: Das gesamte Wissen der Menschheit kann über Internetplattformen binnen Sekunden abgerufen werden. Die Verbindung mit anderen Menschen ist einfach, schnell und grenzenlos über leicht zu nutzende Apps möglich. Neue Geschäftsmodelle haben in kürzester Zeit neue Unternehmen entstehen lassen. Die einfache Nutzung digitaler Anwendungen lässt bestehende Produkte und Dienstleistungen mitunter verschwinden. Soziale Netzwerke haben die Kommunikation und die mediale Wahrnehmung revolutioniert. Das Internet der Dinge drängt in unsere Wohnzimmer und in die Produktionshallen, und Künstliche Intelligenz ist unaufhaltsam auf dem Vormarsch, vom Übersetzungsroboter bis zum autonom fahrenden Fahrzeug. In der Medizintechnik können durch die Erkennung von Mustern und bisher nicht klar definierten Krankheitsbildern neue Möglichkeiten zur Heilung und Genesung entstehen. Zweifelsohne bringen die Digitalisierung und die Künstliche Intelligenz ungeheure Chancen und Möglichkeiten mit sich.

Dennoch hat der rasante technologische Fortschritt auch seine Schattenseiten: Datenansammlungen führen zu Datenmissbrauch, IT-Infrastrukturen werden durch Cyberangriffe manipuliert, und das Darknet ist der moderne Handelsplatz für Kriminelle. Zwei Beispiele führen die gesellschaftlichen Folgen der digitalen Welt bildhaft vor Augen. Immer mehr Menschen kommunizieren und vernetzen sich über soziale Medien. In China nutzen dazu mittlerweile mehr als 800 Millionen die App »WeChat«. WeChat wird als das »Social Operating System Chinas« bezeichnet, da über die App nicht nur kommuniziert, sondern beispielsweise auch bezahlt, ein Taxi bestellt oder Essen ausgewählt wird. Inzwischen kann der Nutzer über die App auch eine Bewertung im Sinne einer Beurteilung über andere WeChat-Nutzer abgeben. Diese Beurteilungen lassen Bewertungsskalen entstehen, die wiederum Rückschlüsse auf das Verhalten und die Lebensweise des Bewerteten erlauben und schon heute beispielsweise bei Kreditvergaben genutzt werden. Wohin wird diese soziale Kontrolle führen?

Als zweites Beispiel für die gesellschaftlichen Folgen möchte ich die Verwundbarkeit des Menschen in der digitalen Welt herausstellen. Die Verfügbarkeit und Verteilung von Informationen hat in den vergangenen Jahrhunderten dazu geführt, dass sich Menschen eine Meinung bilden konnten und damit in die Position gelangt sind, sich kritisch mit Themenstellungen auseinanderzusetzen. Die digitale Welt fördert zunächst die Verfügbarkeit von Informationen. Nie zuvor hatte der Mensch in kürzester Zeit Zugriff auf eine derartige Menge an Information und Wissen. Und doch ist durch die Struktur der digitalen Plattformen und die Aggregation von Daten und Informationen eine Verfälschung und Manipulation von Informationen möglich. Die Urteils- und die Kritikfähigkeit des Nutzers sinken. Kontrolle und Einschränkung der informationellen Selbstbestimmung sind die Folge. Wir befinden uns also auf dem Weg von einer Phase des kritischen Zeitgeistes in eine Phase übermäßiger Kontrolle.

Diese Entwicklung mit den exemplarisch beschriebenen Folgen für unsere Gesellschaft steht den Grundwerten Europas und Deutschlands diametral entgegen. Sie ruhen auf den Grundfesten von Sicherheit durch den Staat, Eigentum, Freiheit des Handelns und der Würde und Selbstbestimmung des Einzelnen. Der Preis, diese Werte zu erlangen, war – historisch gesehen – sehr hoch. Und dies macht unsere Werte umso kostbarer.

Europa stellt die Würde seiner Bürger in den Mittelpunkt

In unseren Gesetzen und unserer Verfassung sind die Rechte und die Unantastbarkeit der Würde des Menschen verankert. Somit stellt sich die Frage, wie Europa und Deutschland im digitalen Zeitalter Vielfalt, Erfindungsreichtum und Leistungsfähigkeit neu gestalten – mit den freiheitlichen und demokratischen Grundwerten vor Augen. Hierfür gibt es mehrere konkrete Ansatzpunkte, die in Verbindung mit den europäischen Verbündeten stets eine höhere Kraft entwickeln können als in jeweils einzelnen Ländern für sich.

Zum einen gilt es, den Menschen in Europa die Möglichkeit zur Bewahrung ihrer Identitäten auch im digitalen Zeitalter zuzusprechen. So muss das Bewusstsein für die informationelle Selbstbestimmung gestärkt und durch eine praktikable Implementierung verankert werden. In ihrer strengen Ausprägung konnte die Gesetz gewordene Wahrung der informationellen Selbstbestimmung inklusive der Absicherung digitaler Identitäten tatsächlich so nur auf europäischem Boden entstehen. Sie stellt ein deutliches Unterscheidungsmerkmal zum Datenschutz und dem Schutz digitaler Identitäten in den USA oder China dar. Wir avancieren sozusagen zum »land of the digital free«.

Europa muss seine Kräfte bündeln

Doch mit der Bewahrung der informationellen Selbstbestimmung dürfen wir uns nicht zufriedengeben, denn die Digitalisierung macht eine weitere Herausforderung für jedes einzelne Land in Europa klar: Um leistungsfähig zu bleiben, um in der Weltliga der Wirtschaft mitzuspielen, um auf digitalen Plattformen eine Rolle zu spielen, braucht es eine Bündelung der Kräfte im gesamten europäischen Wirtschaftsraum. Dazu benötigt Europa eine klare und aktive Industriepolitik mit konkreten Ergebnissen und einer Fokussierung auf Zukunftstechnologien. Die heutige Kleinteiligkeit und Kompromissbildung in der Wirtschaftspolitik dienen kaum einer Stärkung der europäischen Wirtschaft und verkennen die ungeheuren Potenziale, über die sie verfügt. Eine Lockerung und Anpassung des Fusions- und Kartellrechtes würde hierbei wichtige Akzente setzen können. Auch die gezielte Förderung und in deren Folge der Einsatz von Schlüsseltechnologien aus Europa für Europa würde den europäischen Markt stärken.

Neue Akzente aus Europa

Daher: Wir brauchen keinen »Weckruf für Europa«, sondern einen »Weckruf *aus* Europa«. Europa muss ein Bewusstsein für seine künftige Führungsrolle entwickeln und seine einzigartigen Stärken auf der globalen Bühne selbstbewusst präsentieren.

In diesem Sinne kann Europa die Weltregion sein, die als der Kontinent der digitalen Selbstbestimmung für jeden Bürger steht und sich damit dem Dogma einer digitalen Massenkontrolle entgegenstellt.

Dazu braucht es den Mut, die Kräfte zu bündeln, um dem starken Wettbewerb der anderen Kontinente standzuhalten. Kräfte bündeln in Europa und für Europa erhält unsere Wettbewerbsfähigkeit. Die Umsetzung kann einfach sein: Reduzierung und Vereinfachungen der teilweise unsinnigen Regulierung.

Letztlich steht Europa heute – trotz all seiner Probleme und Herausforderungen – für den Kontinent, in dem die Menschen selbstverantwortlich ihr Leben gestalten können. Auch wenn das nicht immer einfach ist. Im Gegenzug: Die Variante der Kontrolle wünsche ich mir für Europa in keinem Fall.

DIE VEREINIGTEN DIGITALSTAATEN VON EUROPA

Hannes Ametsreiter

Europa verkörpert für mich das Gefühl der Grenzenlosigkeit. Es steht für mich für ein vernetztes und in einer gemeinsamen Vision verwurzeltes Bündnis, in dem die populistischen und nationalistischen Strömungen der jüngsten Vergangenheit keinen Platz haben, sondern Menschenrechte, Chancengleichheit sowie soziale Verantwortung eine Selbstverständlichkeit sein sollten – genau wie der freie Zugang zu Medien und Wissen.

Das Internet ist nicht für die Deutschen erfunden worden, die Spanier oder die Engländer – sondern für die Menschen der Welt. Damit sie Grenzen überwinden, sich austauschen, handeln und kommunizieren – und das stärker und schneller als jemals in der Geschichte. Im Internet ist die Idee der Vereinigten Staaten von Europa quasi inhärent. Denn das Internet kennt keine Ländergrenzen. Doch wir stehen kurz davor, dass uns unsere digitale Infrastruktur Grenzen zieht.

Digitale Infrastruktur: Die Zukunft wird mit Daten gebaut

Viele Jahre, sogar Jahrzehnte haben andere Handelsmächte dieser Welt neidvoll zu uns aufgeschaut – auch heute gilt Europa als einer der wohlhabendsten Kontinente. Wir haben den größten Binnenmarkt, die am zweithäufigsten genutzte Währung und sind führend

87

in nachhaltiger Energie. Wir florieren in der klassischen Industrie, Landwirtschaft und in der Dienstleistung. Doch was nützt uns das, wenn die Zukunft des Wohlstands statt mit analogem Stahl mit digitalen Daten gebaut wird? Wir sind längst nicht mehr Klassenbester. Wir haben uns in puncto digitaler Infrastruktur abhängen lassen. Wir haben verlernt, was es heißt, aktiv mitzugestalten. Wir haben uns selbst auf das analoge Wartegleis manövriert. Und können zusehen, wie uns andere Länder im Breitbandausbau meilenweit überholt haben.

Einen richtungsweisenden Grundstein für die Gigabit-Zukunft Europas hat 2016 die Europäische Kommission gelegt – lange bevor viele der EU-Staaten das Thema für sich entdeckt hatten. Die Forderung: Diejenigen Monopolisten in ihre Schranken weisen, die 20 Jahre Wettbewerb zurückdrehen und den Fortschritt in Europa ausbremsen wollen. Der Fokus soll klar auf echte Zukunftstechnologien wie Kabel, Glasfaser und 5G gelegt werden. Und Brückentechnologien wie Vectoring den Riegel vorschieben, wo Zukunftstechnologien wie Glasfaser verfügbar sind. Auch mit dem Aktionsplan für 5G in Europa hat die Kommission wichtige Weichen für eine länderübergreifende 5G-Infrastruktur gestellt.

Doch damit Europas Traum von einer digitalen Poleposition Realität wird, brauchen wir Rahmenbedingungen, die auf die gleiche Ziellinie ausgerichtet sind. Rahmenbedingungen, die Wettbewerb genau wie Investitionen fördern. Und Fördergelder, die nicht nur Lackschäden ausbessern, sondern den Motor austauschen können. Genau wie der Staat Autobahnen bauen musste, damit es wirtschaftlich wird, Autos zu vertreiben, muss der Staat einen Rahmen für den Infrastrukturausbau legen, damit sich Infrastrukturinvestitionen in schnelle Netze auch rentieren. Dafür braucht es auch eine koordinierte Vergabe der 5G-Frequenzen bis 2020. Denn Mobilfunkwellen machen an Grenzen nicht halt.

Das geht nur gemeinsam, nur europäisch. Denn was nützen uns Pakte und Programme, wenn wir physische Grenzen abschaffen, die wir online wieder aufrichten? Wenn die Mitgliedstaaten unterschiedliche Startbedingungen haben, wie sollen wir als europäische Einheit gemeinsam ins Ziel fahren? Was wäre das für ein vereintes Europa, in dem autonom fahrende Autos an Landesgrenzen wieder kehrtmachen müssten – weil sie dahinter nicht funktionieren? Wir Mitgliedstaaten müssen eine Fahrgemeinschaft bilden und unsere Möglichkeiten gemeinsam potenzieren.

Digitale Gründer: Laden wir Start-ups an den Tisch der Zukunft

Gleichzeitig brauchen wir Systeme, die ineinandergreifen – zwischen allen Mitgliedstaaten. Dafür braucht es neben dem analogen einen europäischen digitalen Binnenmarkt, der keinen Halt vor Landesgrenzen macht. Ich bin der Meinung, dass der freie Datenfluss die fünfte Säule der Demokratie sein sollte.

Dafür brauchen wir die europäische Antwort auf das amerikanische Digitalmodell. Ein Modell, mit dem wir uns gegen den Einfluss der Googles, Amazons und Facebooks dieser Welt stellen. Dabei geht es nicht darum, das Google Europas zu bauen. Sondern unseren, den europäischen Weg zu finden. Wir reden noch viel zu viel davon, dass uns Start-ups durch ihre Agilität und Innovation bereichern. Zugleich schrecken wir davor zurück, wagemutig in sie zu investieren – und sie an den Tisch der Zukunft einzuladen. Sie teilhaben zu lassen am digitalen öffentlichen Diskurs. Bisher bestimmen allzu oft noch Politik und Großkonzerne die Narrative der Digitalisierung. Doch wir brauchen einen mentalen Wandel hin zu einem inklusiven, europäischen Modell des digitalen Wachstums. Damit Europa nicht die verlängerte Werkbank der USA oder Chinas wird, müssen wir mehr Kapital wagen, mehr Wagniskapital zulassen. Und Start-ups unter den gleichen Bedingungen den Zugang zum gesamten europäischen Gebiet verschaffen.

Nur so machen wir Ideen möglich. Und nur so sorgen wir dafür, dass Ideen auch bei uns bleiben – und nicht über den Teich mit ihren Gründern abwandern. Denn Ideen gehen immer dahin, wo das Geld ist. Sie brauchen es, um umgesetzt, um Realität zu werden. Und das ist viel zu oft eben nicht in Europa. Kein Wunder, wenn ganz Europa gerade einmal ein Viertel des Wagniskapitals der USA zusammenbringt. Warum also setzt der größte Binnenmarkt der Welt nicht auch einen der größten Gründerfonds der Welt auf? Das hielte ich für eine lohnende Investition in Europas Zukunft.

Digitaler Optimismus: Wir brauchen eine Kultur der Zuversicht

Bei all dem, was wir über dem europäischen Tellerrand sehen, könnte man in Pessimismus verfallen. Aber das Gegenteil sollten wir tun: Wir brauchen einen digitalen Optimismus. Wir brauchen eine positive Vision der Zukunft dieses digitalen Europas. Denn bisher beherrscht uns Skepsis statt Sympathie. Laut einer Studie des Vodafone Instituts sieht nicht einmal die Hälfte der Deutschen positiv in die Zukunft, wenn es um den Einsatz digitaler Technologien geht – wohl auch wegen der Machtkonzentration weniger globaler Digitalgiganten.

Es braucht einen Konsens genau wie einen Kodex, dass die Maschine dem Menschen dienen muss und nicht andersherum. Das müssen wir fest verankern und zu den Menschen tragen. Denn wenn wir keine Akzeptanz bei denjenigen erlangen, die Europa tragen werden, können wir im Wettkampf mit den anderen Weltmächten niemals aufholen. Was mich hierbei besonders nachdenklich macht, ist die Tatsache, dass wir Europäer noch nicht einmal darauf vertrauen, dass uns unsere politischen Institutionen für die digitale Zukunft vorbereiten.

Nur 40 Prozent der Europäer sehen einen starken Willen ihrer jeweiligen Regierungen, die Digitalisierung zu fördern. Und nur ein Drittel glaubt, dass sie über die entsprechenden Fähigkeiten verfügen. Hier rauschen wir im Vergleich zu den USA und Indien völlig ab. Nichtsdestotrotz, eines kittet uns Europäer zusammen: Wir sehen in unseren Regierungen die wichtigste Instanz zur Wahrung ethischer Prinzipien. Mehr als jeder Zweite sagt, dass auch im digitalen Zeitalter vor allem der Staat unethisches Verhalten sanktionieren soll – und eben nicht Technologieunternehmen.

Der Staat und was er aus Europa macht, das sind wir. Ein jeder von uns. Wir haben es selbst in der Hand: Entweder wir lenken diesen Kontinent links auf die Überholspur. Oder wir schicken seine Zukunft auf den digitalen Standstreifen. Mit allen negativen Folgen für Wirtschaft, Fortschritt, Wohlstand und Souveränität. In zehn Jahren sollten wir unseren Kindern nicht erklären müssen, warum wir damals Europas Zukunft verspielt haben. Wir sollten ihnen erklären können, wie wir Europa 2019 gerettet haben. Denn dieser Kontinent und seine Idee, sie brauchen uns – heute mehr als je zuvor.

EINE CLOUD FÜR EUROPA

Tim Höttges

»Was stellen Sie sich vor, wenn Sie an Europa denken? Wo liegt Ihr Europa? Welchen Ort hat Ihr Europa?« Diese Fragen hat vor einigen Jahren die *Süddeutsche Zeitung* gestellt. Und angesichts der aktuellen Situation habe auch ich mir zuletzt überlegt: »Ja, welchen Ort hat Europa?« Was steht symbolisch für dieses Konstrukt, das mehr ist als Geografie: Wertegemeinschaft. Rechtsgemeinschaft. Wirtschaftsgemeinschaft. Lebensgemeinschaft.

Eingefallen ist mir das Parlamentarium in Brüssel, das Ausstellungs- und Besucherzentrum des EU-Parlaments. Dort kommen zwei Dinge zusammen. Erstens steht das Parlamentarium exemplarisch dafür, wie sehr uns die Digitalisierung bereichert. Sein Ausstellungsführer ist ein modernes Smartphone, das den Besuchern über Near Field Communication Informationen zu den verschiedenen Ausstellungsstationen liefert. Es gibt Audiofiles und Videos, in denen Menschen darüber berichten, wie sie ihre Unternehmen gegründet haben und zu Weltmarktführern geworden sind. An die Parlamentarier können Sie als Besucher über ein Terminal Wünsche richten, die über das Internet verbreitet werden und in Sekunden auf einem großen Monitor sichtbar sind.

Zweitens zeigt diese Ausstellung aber nicht nur, wohin wir mit der Digitalisierung gehen. Sie zeigt auch, woher wir mit Europa kommen. Europa ist ein Friedensprojekt. Es beruht auf dem Gedanken, dass Frieden am ehesten durch Vernetzung gelingt. Nicht durch Abschottung, sondern durch ein In-Beziehung-Treten von Menschen, die wirtschaften.

Europa als Werte- und Wirtschaftsgemeinschaft

Nimmt man diese beiden Punkte zusammen, Wirtschaftsgemeinschaft und Friedensgemeinschaft, zeigt sich schnell, dass das Denken in nationalstaatlichen Kategorien hochproblematisch ist. Europa ist nicht nur Ort. Es ist Standort. Es ist Wirtschaftsstandort. Und Standpunkt. Und zwar ein politischer. Nationales Denken taugt weder für Finanz- noch für Flüchtlingskrisen. Noch taugt es für internationalen Wettbewerb insbesondere mit Nordamerika und Asien. Mein Ort für Europa, das Parlamentarium, steht also zugleich für meine Vision von Europa. Nämlich eine digitale, wettbewerbsfähige Werte- und Wirtschaftsgemeinschaft.

Auf beiden Feldern kann Europa auf große Erfolge zurückblicken. Aber beides wird herausgefordert. Unsere Wirtschaft. Und mit ihr unsere Werte. Sicher, der globale Wettbewerb ist nicht neu. Keine Volkswirtschaft der Erde ist zum Beispiel so vernetzt wie die deutsche. Noch vor Hongkong, den USA und Singapur. Europa hat starke Wirtschaftscluster. Sie basieren vor allem auf hoher Handwerkskunst und exzellenter industrieller Fertigung, aber auch auf herausragender Grundlagenforschung.

Diese industrielle Basis weckt Begehrlichkeiten. Schaut man sich zum Beispiel diverse Unternehmen des Valleys an – insbesondere Google oder Facebook –, stellt man fest: Bislang entstehen deren Gewinne vor allem durch Werbeeinnahmen. Doch der Werbekuchen, aus dem die Internetkonzerne sich speisen, ist ziemlich endlich. Er macht gerade rund ein Prozent unseres Bruttoinlandsproduktes aus. Kein Wunder also, dass die Unternehmen weltweit immer stärker mit ihren Datenmodellen in die industrielle Wertschöpfung eindringen. Sei es der Bereich Smart Home, sei es die Medizin, oder sei es das selbstfahrende Auto. Hier liegt die eigentliche Bedrohung, der wir begegnen müssen.

Wie kann das gelingen? Nur einige Überlegungen:

Erstens bin ich überzeugt davon, dass die Wertschöpfungsketten der Zukunft immer weniger vertikal verlaufen, also innerhalb einzelner Branchen, sondern zunehmend auch horizontal, branchenübergreifend. Wir brauchen also mehr Kooperationen oder – neudeutsch – Coopetition. Dafür ist es aber notwendig, Anreize und Erleichterungen zu schaffen. Dazu zählt auch, das Entstehen globaler Champions innerhalb Europas eher zu fördern als zu verhindern.

Die Veredelung von Daten: Schaffung einer europäischen Cloud

Zweitens brauchen wir eine europäische Cloud. Es ist beinahe schon ein Allgemeinplatz, dass Daten der Rohstoff der Digitalisierung sind. Wir wissen aber auch, dass die eigentliche Wertschöpfung immer dort stattfindet, wo die Rohstoffe veredelt werden. Beim Thema Daten geschieht dies heute fast ausschließlich außerhalb Europas. Europäische Unternehmen können bei der Nutzung öffentlicher Cloud-Dienste zwischen einigen wenigen amerikanischen (Amazon, Microsoft & Google) und ein bis zwei chinesischen (Alibaba, Tencent) auswählen. Für einen Großteil der Anwendungen aus der öffentlichen Cloud – etwa normale Bürokommunikation – mag das weniger problematisch sein. Wie aber sieht es im Bereich weiterer sensibler Daten aus? Hat Europa nicht einen strategischen Nachteil, wenn Unternehmens- und Kundendaten jenseits Europas liegen? Und was können wir dagegen tun? Entweder zwingen wir die außereuropäischen Anbieter dazu, dass sie ihre Dienste nur bei uns anbieten dürfen, wenn ein europäischer Anbieter komplett für die Lieferung der Software und vor allem die rechtliche sowie technische Kontrolle der Daten verantwortlich ist. China tut das.

Der nächste Schritt wäre aber eine komplette europäische Cloud-Infrastruktur mit Rechenzentren in verschiedenen europäischen Ländern und vor allem der dazu gehörenden Entwicklung europäischer Software. Hierfür braucht es eine Politik, die eine solche Infrastruktur fördert. Unter anderem, indem staatliche Behörden und Institutionen Kunden einer solchen Infrastruktur werden und damit erst den Markt dafür schaffen.

Keine Alternative ist es jedenfalls, die Nutzung von Daten generell zu verbieten oder massiv zu erschweren. Denn auf Daten basiert auch neuer Wohlstand. Rückblickend werden wir die vergangenen 50 Jahre vielleicht als die goldenen Jahre individueller Freiheit betrachten. Davor waren wir zivilisatorisch zu rückständig. Seither sind wir technologisch zu fortschrittlich. Aber: Wir haben alle Chancen, diesen Fortschritt positiv zu gestalten. Und einen eigenen Weg zu finden jenseits der Massenüberwachung aus dem angelsächsischen Raum und einer IT-Diktatur wie in China mit einem Sozialpunkte-Konto, das das komplette Verhalten überwacht, bestraft und belohnt. Dieser Weg kann bedeuten, dass die Europäerinnen und Europäer die Grenzen dessen, was sie heute als »das Individuelle« betrachten, verschieben. In Richtung höherer Transparenz. Die junge Generation tut dies schon heute. Und es muss nicht *nur* schlecht sein. Es könnte zum Beispiel mehr Sicherheit bedeuten und den Menschen damit auch ein Stück Freiheit zurückgeben.

Anreize für Investitionen in die digitale Infrastruktur

Drittens braucht es weitere Initiativen, die Technologien von morgen zu bestimmen. Vorbild dafür könnte das in den USA außerordentlich erfolgreiche Programm der DARPA (Defense Advanced

Research Projects Agency) sein. Denn was als Militärforschung gedacht ist, findet häufig seinen Weg in den zivilen Bereich, wo die Technologien dann – hoffentlich – auch zivilisatorisch genutzt werden. Beispiele sind das Internet, die Lasertechnologie, die Vorläufer von Google Maps sowie die Sprachassistenten Alexa und Siri. Dem hat Europa noch nicht viel entgegenzusetzen.

Viertens haben natürlich auch Breitbandnetze eine strategische Bedeutung. Die Telekom kennt hier ihre Verantwortung. Wir investieren pro Jahr 12 Milliarden Euro, davon fünf Milliarden allein in Deutschland. Nicht nur in Metropolen, sondern gerade auch dort, wo andere sich nicht engagieren. Aber ein Kontinent, der Investitionen braucht, braucht auch Investitionsanreize.

Lange lag der Fokus der europäischen Regulierung aber vor allem auf der Herstellung von Wettbewerb *auf* den (alten) Netzen statt darauf, Wettbewerb *in* (neue) Netze zu bringen. Das hatte Folgen. Der Gewinn sämtlicher europäischer Telekommunikationsunternehmen hat sich seit 2006 halbiert. Dadurch wurde aber gerade die Investitionsfähigkeit der Unternehmen geschwächt, die eigene, neue Infrastruktur aufbauen und immer wieder an gestiegene Ansprüche anpassen. Und: Allein die deutsche Telekommunikationsindustrie hat seit dem Jahr 2000 rund 60 Milliarden Euro für Mobilfunkfrequenzen ausgegeben. Geld, das auch in Antennen und Masten hätte fließen können. Während zum Beispiel in China (1,3 Mrd. Einwohner) darüber nachgedacht wird, die Zahl der Mobilfunkanbieter von drei auf zwei zu verringern, galt in Europa lange die Regel, dass es pro Land vier Anbieter geben soll. Von einem digitalen Binnenmarkt kann daher keine Rede sein. Und infolgedessen fehlt auch ein europäischer Champion, der international mit Anbietern wie AT&T (Marktkapitalisierung: 192 Mrd. Euro), Verizon (198 Mrd. Euro) oder China Mobile (190 Mrd. Euro) mitspielt. Entsprechend geringer ist dann aber auch der Einfluss, wenn es zum Beispiel um die Definition von Standards der Industrie geht.

Europa der zwei Geschwindigkeiten

Damit komme ich zu meinem fünften Punkt: Wie organisiert sich Europa neu? Hierzu gibt es längst eine Reihe von Ratschlägen, die auf dem Tisch liegen. Und mir ist bewusst: Dies ist nicht nur ein weites, sondern vor allem ein komplexes Feld. Mir ist das als Vorstandsvorsitzendem eines europäischen Konzerns nicht fremd. Wir sind in Ländern wie Polen, Ungarn, Griechenland, den Niederlanden, Tschechien oder Österreich tätig. Landesgesellschaften und Unternehmen mit eigener Geschichte. Unternehmen mit eigener Kultur. Und Unternehmen mit eigenen Interessen, die nicht immer deckungsgleich sind mit den Interessen des Konzerns. Ich kann also in vielerlei Hinsicht sagen: Die Telekom *ist* Europa.

Wie gehen wir als Unternehmen mit dieser Vielfalt um? Wichtig ist: Auch in einem Konzern muss das Ergebnis immer mehr sein als die Summe der einzelnen Teile. Kurz gesagt: Überall dort, wo Größenvorteile besonders relevant sind, ist auch ein einheitliches Vorgehen besonders wichtig. Gleichzeitig akzeptieren wir aber verschiedene Geschwindigkeiten. Dem liegt die Erkenntnis zugrunde, dass jede Landesgesellschaft immer auch Herausforderungen hat, die sehr viel akuter sein können als die großen Linien. Dann zu unterstützen und zentrale Vorgaben notfalls zurückzustellen ist richtig. Das bedeutet aber nicht, dass jedes Land nur das tut, was ihm gerade gelegen kommt. Verbindlichkeit ist eine der Grundvoraussetzungen für das Gelingen von Projekten innerhalb großer Organisationen.

Vielfalt ist dennoch von Vorteil. Fast für jedes Thema gibt es irgendwo im Konzern eine sogenannte Best Practice, die wir adaptieren und auch in anderen Ländern testen können. Gerade kleinere Märkte sind hier besonders hilfreich, da wir dort sehr viel schneller und agiler reagieren und testen können.

Insofern überzeugen mich persönlich beim Thema EU-Reformen vor allem die Vorschläge, die auf eine Ausdifferenzierung setzen. Auf ein Europa also, in dem einige Länder und Regionen vorangehen und es darum eine unterschiedliche Integrationstiefe geben kann. Wie das Schengen-Abkommen. Ein Europa aber auch, das in Feldern, in denen es auf Größenvorteile ankommt, Einigkeit herstellt und konsequent handelt. Gerade bei der Wirtschafts- und Industriepolitik ist dies wichtig: Künstliche Intelligenz, Cloud, Elektromobilität, Energiewende sind nur einige Beispiele.

Unterm Strich: Europa ist stark. Und es lohnt sich, für Europa zu kämpfen. Was hat dieser Kontinent nicht alles gemeinsam erreicht: Frieden. Wohlstand. Arbeitnehmerfreizügigkeit. Eine Sozialcharta. Eine Datenschutzgrundverordnung, die, bei allen Problemen im Detail, die Privatsphäre der Menschen achtet. Es gibt wohl keine andere Region der Erde, in der Frieden, Demokratie, soziale Sicherheit, Freiheit, Achtung der Bürgerrechte, Humanisierung der Arbeit und vieles mehr eine so starke Einheit bilden. Und selbst wenn die Wohlstandsschere auch bei uns auseinandergeht: Europa ist insgesamt reich. Umso wichtiger ist es, dass wir nun auch den Wohlstand der kommenden Generation sicherstellen und vor allem die Teilhabe daran organisieren.

Damit komme ich noch einmal zu meinem Ausgangspunkt zurück: Welchen Ort hat Europa? Vielleicht zeichnet Europa gerade aus, dass es eben nicht den einen Ort hat. Nicht allein das Parlamentarium. Nicht Brüssel oder Straßburg. Nicht allein auch die Cafés, von denen Emmanuel Macron in seiner Rede an der Sorbonne gesprochen hat. Sondern Europa ist dann erfolgreich, wenn es überall gut aufgehoben und zuhause ist.

Ich bin als junger Mann mehrfach per Interrail durch ganz Europa gefahren. Eine Zeit, die mich geprägt und bereichert hat. Nicht nur, weil ich neue Freunde gefunden habe. Sondern auch, weil ich mir dadurch neue, andere Kulturen erschließen konnte. Und ich habe es als positiv empfunden, mich mit einer Idee identifizieren zu können, die mein Heimatland umfasst, aber darüber hinausreicht. Eine Idee, die größer ist als ein einzelner Staat und die darum als Klammer unsere einmalige Vielfalt zusammenhält. Eine Idee, die zeitlos ist. Eine Idee, die Heimat ist jenseits der Geografie. Dieses europäische Bewusstsein ist es, das unseren Kontinent trägt. Und darum ist es unsere Aufgabe als Unternehmen, als Politik, als Bürger, Nachbarn, Freunde, Väter und Mütter, dieses Bewusstsein wachzuhalten.

Kämpfen wir also dafür, dass die Vielfalt Europas auch weiterhin durch reale und virtuelle Netzwerke in Beziehungen treten kann. Dass dadurch Verständigung möglich wird, die Verständnis schafft. Und dass so Wohlstand und Frieden wachsen.

MEHR MUT ZU INNOVATIONEN

Markus Braun

Wenn man von Digitalisierung und disruptiven digitalen Unternehmen spricht, kommen einem Orte wie Silicon Valley oder Peking in den Sinn; ebenso Internetgiganten wie Google, Amazon, Tencent oder Alibaba. Viele Branchenführer fragen sich, was das für Europa bedeutet. Pessimisten mögen sagen, dass Europa die Chancen verpasst hat, sich der Digitalisierungswelle anzuschließen, und Optimisten könnten sagen, dass es noch zu früh ist, um Gewinner und Verlierer zu benennen. Als Vorstand eines der am schnellsten wachsenden Unternehmen im Finanzbereich und treibender Akteur in der digitalen Finanztechnologie kann ich voller Überzeugung sagen, dass ich ein Optimist bin.

Innovation ist nichts Neues für Europa. In der Vergangenheit war Europa stets der Geburtsort innovativer Ideen und Kräfte. Die industrielle Revolution begann in Großbritannien im späten 18. Jahrhundert, was den Übergang von manueller Arbeit zu spezialisierten Fabriken und der Massenproduktion ermöglichte. Die Industrialisierung breitete sich auch schnell auf andere europäische Länder aus, darunter Belgien, Frankreich und Deutschland, und schließlich auf die Vereinigten Staaten. Das moderne benzingetriebene Auto wurde Ende des 19. Jahrhunderts in Deutschland erfunden.

Die Auswirkungen dieser Innovation sind bis heute spürbar: Deutschland ist nach wie vor das führende Land im Automobil- und Maschinenbau, und die Qualität der deutschen Fertigung ist weltweit hochangesehen. Produkte aus Deutschland werden als

Produkte mit höchsten Qualitäts-, Zuverlässigkeits- und Sicherheitsstandards wahrgenommen.

Innovatives Denken in Europa ist allerdings nicht nur auf Fertigung oder Produktion beschränkt. Die Europäische Union ist ein Beispiel für eine herausragende *politische* Innovation. Als erste ihrer Art hat diese politische und wirtschaftliche Union einen Kontinent vereint, der zuvor durch zwei Weltkriege verwüstet und zerteilt wurde. Und die EU treibt Innovationen kräftig voran: So fördert die Europäische Kommission beispielsweise Innovationen durch ihr Forschungs- und Innovationsprogramm Horizont Europa, für das fast 100 Milliarden Euro zur Verfügung stehen. Ziel des Programms ist es, die globale Wettbewerbsfähigkeit Europas in einer Vielzahl von Bereichen zu sichern. Im Dezember 2018 kündigte die Europäische Kommission die Bereitstellung von 173,4 Millionen Euro für 283 innovative Projekte in den Bereichen Blockchain, IKT, Gesundheit und Maschinenbau an, mit dem Ziel, Innovationen schneller auf den Markt zu bringen. Aber auch ohne solche Förderprogramme gibt es Branchen und Initiativen, die in Europa erfolgreicher sind als irgendwo sonst. Ein Paradebeispiel sind digitale Banken. Die deutsche N26, die britische Revolut oder Monzo Bank sind nur einige Beispiele für digitale oder sogenannte Challenger-Banken, die in den letzten Jahren äußerst erfolgreich gestartet sind. Diese Disruptoren nutzen den Bedarf an modernen, digitalen Finanzdienstleistungen, die von den traditionellen Banken oft zu langsam angeboten werden.

Europa der Zukunft – führend oder im Hintertreffen?

In letzter Zeit wurde viel über die Rolle Europas bei der weltweiten digitalen Revolution diskutiert. Im Vergleich zu den Vereinigten Staaten und China scheint Europa manchmal zurückzuliegen. Der reine Wettbewerbsgedanke greift jedoch zu kurz – man sollte die Digitalisierung nicht als Regionen betrachten, die miteinander konkurrieren, sondern als Regionen, die zusammenarbeiten. Europa ist eine erfolgreiche Brücke zwischen Ost und West gewesen und wird es auch weiterhin sein. Darüber hinaus weisen verschiedene Regionen unterschiedliche Anpassungsgeschwindigkeiten an neue Technologien auf.

China ist ein Land mit extrem hoher Mobilfunknutzung und einer exponentiellen Zunahme des mobilen Bezahlens, auch dank der Integration von Zahlungslösungen in soziale Nachrichtendienste wie WeChat.

Smartphones sind die primären Geräte für den Internetzugang der Verbraucher in China, und das Land war aufgrund seines hohen Online-Shopping-Volumens bereits 2017 der größte digitalisierte Zahlungsmarkt der Welt. In der Summe aus digitalen Handelstransaktionen und mobilen POS-Zahlungen belief sich der Wert der chinesischen digitalen Zahlungstransaktionen im Jahr 2017 auf 819,9 Milliarden US-Dollar, gefolgt von den USA mit 801,7 Milliarden US-Dollar und Europa mit 613,9 Milliarden US-Dollar. Chinas riesige Internetnutzerbasis, kombiniert mit der hohen Verbreitung mobiler Geräte und dem steigenden durchschnittlich verfügbaren Einkommen, bilden die Grundlage für schnell wachsende digitale Unternehmen, die bequeme und mobile Services erfolgreich anbieten. Chinesische E-Commerce-Marktplätze wie Alibaba, JD.com und DHgate sind Paradebeispiele dafür, wie Internetgiganten plattformbasierte Geschäftsmodelle eingeführt haben und heute die Digitalisierung in einer durch und durch digitalen Wirtschaft vorantreiben. Natürlich zahlen in der Folge chinesische Verbraucher häufiger digital als Europäer, aber warum sollten sich Unternehmen hierzulande deshalb davon abhalten lassen, neue, für den europäischen Markt passende Geschäftsmodelle rund um digitales Bezahlen zu etablieren?

In Europa entwickelt sich die Nutzung von mobilem und digitalem Bezahlen anders als in China, wo sowohl Alipay als auch WeChat Pay mittlerweile fast den gesamten chinesischen Markt für mobile Zahlungen abdecken. In Europa ist es bekannterweise noch nicht Standard, den morgendlichen Kaffee mit einer Mobile Messaging App zu bezahlen. Modelle, die in einem Land funktionieren, funktionieren aber auch nicht notwendigerweise in jedem Land. Während wir in Europa noch über die rechtlichen Folgen der Digitalisierung diskutieren, gehen die USA und Asien eher einen Trial-and-Error-Weg.

Die Geschichte der digitalen Innovation befindet sich jedoch noch in ihrem Anfangsstadium, und deshalb hat Europa die Digitalisierung weder verpasst noch »verloren«. Europa entwickelt sich gerade zu einem starken Akteur im Bereich Digitalisierung, und ich glaube, es ist nur eine Frage der Zeit, bis beispielsweise mobile Zahlungen in Europa alltäglich werden – vom Kauf eines Kaffees über die Aufteilung einer Restaurantrechnung unter Freunden bis hin zur Finanzierung von größeren Anschaffungen. Ich denke, es wird nach »europäischer Art« passieren – nicht mit dem Anspruch, der Schnellste zu sein, aber vielleicht der Nachhaltigste und Solideste.

Wir sind keine europäischen, sondern globale Innovatoren

Jedes Unternehmen, ob groß oder klein, kann sich für Innovationen und Digitalisierung entscheiden. In Europa brauchen wir sowohl innovative Start-ups als auch große, transformative Unternehmen, die ihre Komfortzone verlassen und neue Dinge ausprobieren. Nur das Vorhandensein dieser beiden Elemente stimuliert eine lebhafte Wirtschaft immer wieder. Europa hat keinen Mangel an Start-ups, ganz im Gegenteil ist die europäische Start-up-Szene sehr dynamisch. Die Zahl der Technologie-IPOs mit einer Marktkapitalisierung von weniger als einer Milliarde US-Dollar stieg in den letzten fünf Jahren um 120 Prozent. Im Jahr 2018 lieferte Europa mehr Big-Tech-IPOs als die USA, und Spotify hatte eine äußerst erfolgreiche Direktnotierung im Wert von 25 Milliarden US-Dollar. Tatsächlich hat Europa seit 2014 jedes Jahr mehr Tech-IPOs hervorgebracht als die USA. Dies sind nur ein paar Beispiele dafür, warum wir der Digitalisierung in Europa optimistisch gegenüberstehen sollen.

Wirecard versteht sich als globales Unternehmen – nicht nur als »europäisches« oder »deutsches« Unternehmen. Wie sich ein Unternehmen definiert, ist wichtig, denn Innovation beginnt mit der Kultur und Denkweise eines Unternehmens. So ist Wirecard beispielsweise auf allen fünf Kontinenten über eine einzige digitale Plattform aktiv. Im Jahr 2019 wird Wirecard alle seine Produkte in den USA, Südamerika und Asien weitgehend ausgerollt haben. Auch wenn wir ein Unternehmen sind, das in Europa gegründet wurde, so gibt es doch keine Barrieren im Umfang unseres Geschäfts. Wenn es um technologische Innovationen geht, ist auch die Denkweise des Unternehmens entscheidend. Europäische Unternehmen müssen verstehen, dass digitale Technologie das Kernelement aller zukunftsgerichteten Geschäftsmodelle werden wird. Bei den heutigen Geschäftsmodellen geht es nicht darum, ein Produkt zu entwickeln und Technologie parallel zu nutzen. Im Gegenteil: Alle Geschäftsmodelle sollten mit der Gewissheit entworfen werden, dass die Zukunft digital ist.

DIE SELBSTBEHAUPTUNG EUROPAS

René Obermann

Es könnte uns Europäern viel schlechter gehen. Demokratie und Rechtsstaat, eine zunehmend integrierte Gemeinschaft, gesunkene Arbeitslosigkeit, offene Grenzen, selbst unsere gemeinsame Währung, alles hielt den Zerreißproben der letzten Jahre stand.

Wir sind an Gewaltenteilung gewöhnt, an kritische, angstfreie Medien, an Social-Media-Shitstorms, endlose Debatten und subsidiäres »Entschleunigen« wichtiger Initiativen.

Zur DNA unserer westeuropäischen Wohlstandsgesellschaft gehört die Sorge, mindestens aber die Skepsis vor Technologie, beispielsweise vor Antennenstrahlung und vor Daten in der Cloud, vor Künstlicher Intelligenz oder Gentechnologie. Wir leisten uns ausgiebige Diskurse zu ziemlich allem, bevor wir unter globalem Wettbewerbsdruck dann doch in die Gänge kommen, sei es auch nur halbherzig. Eigentlich richtig, nicht alles Neue sofort durchzuwinken, sondern zunächst die Folgen zu wägen, aber bitte nicht ewig. Es wird für Europa schwerste Konsequenzen haben, wenn wir wichtige Technologiefragen nicht schneller entscheiden und umsetzen.

Der Spiegel bringt es auf den Punkt: »Was sich in autokratisch oder streng präsidial geführten Ländern wie China und den USA regeln lässt, wird im kakofonen Europa zur Herkulesaufgabe.«

Jeder fordert das lückenlose 5G-Netz, allerdings möglichst ohne Elektrosmog und Antennen. Oder Stromtrassen für die Netzstabilität, aber nicht durch unsere Natur gebaut.

Am deutlichsten wird unsere politische Paralyse beim folgenlosen Bejammern der Digitalisierungsdefizite. Zerfaserte Zuständigkeiten, allseits tätige Beratergremien und Innovationsrunden, Digitalpakt, Länder-Blockaden – indes, zigtausend Schulen sind immer noch nicht vernünftig digital ausgestattet.

Das Gegenmodell zu uns ist das autokratische China. Nicht nur wegen der staatlichen Machtüberformung der Wirtschaft, sondern auch wegen seiner Haltung zu Technologie. Ein Beispiel:

90 Prozent der Macher in der Wirtschaft in China glauben laut einer Accenture-Studie an die positiven Effekte von KI. In den USA ist es ähnlich, bei uns sei es nur ca. die Hälfte.

Und woran die Menschen glauben, danach leben und handeln sie meistens auch.

Die Kommunikationswissenschaftlerin Miriam Meckel schreibt zum globalen Technologiewettlauf u. a.: »Hier geht es um mehr als ein paar technische Anpassungen. Es geht um die Frage, wer die Blaupause für die digitale Wirtschaftsordnung der Zukunft liefert. Die USA mit dem Marktmodell eines digitalen Libertärkapitalismus, made in Silicon Valley?

Oder China mit einem rigiden staatskapitalistischen Modell, in dem manches allein deshalb viel schneller geht, weil man den Einspruch skeptischer Bürger nicht fürchten muss?«

Wir dürfen als Europäer jedenfalls nicht in ewigen Diskussionen steckenbleiben. Ich stimme Meckel zu, die sagt: »... wenn wir unsere EU verteidigen wollen, müssen wir möglichst schnell aus dem Lager der Zauderer in das der Zukunftsoptimisten wechseln – und mehr ausprobieren.«

Müssen wir wirklich erstmal vor allem Angst haben? Zum Beispiel vor der digitalen Vernetzung im Gesundheitswesen, vor der Gentechnologie? Oder vor Mustererkennung, Künstlicher Intelligenz und Robotik? Ich frage das nicht, weil ich gegen hohe ethische Standards bin, ich will nur, dass unsere europäische Wirtschaft nicht von US- oder chinesischen Tech-Giganten überrollt wird, die viele unserer gesellschaftlichen und regulatorischen Restriktionen nicht haben. Denn ohne eine starke EU-Wirtschaft gibt es auch keine erfolgreiche, sozial ausgewogene Politik.

China liegt bei Investitionen in Künstliche Intelligenz mittlerweile vor den USA. Und es setzt diese Technologie überall, auch im militärischen Bereich, ein. Alle zivilen Unternehmen müssten, so berichtete vor einiger Zeit die *Financial Times*, ihre Technologie dem Militär verfügbar machen.

Der Einsatz chinesischer Komponenten in europäischen und amerikanischen Telekommunikationsnetzen ist hoch umstritten, weil der Westen Sorge vor Cybersicherheitslücken und damit vor Spionage oder sogenannter Cyberwarfare, frei übersetzt kriegerischen Angriffen über das Internet, hat.

Chinas digitale Bürgerüberwachung, die Turboentwicklung der Gentechnologie und der Cyberaufrüstung (die wohl wirkmächtigste Waffe der Zukunft) sind nur drei Aspekte, wie China versucht, die mächtigste Nation der Erde zu werden.

Digitale Technologien entscheiden über den Wettbewerb der Wirtschaftsregionen, leider auch im militärischen Komplex. Bei allen Waffengattungen und nun auch im Weltraum sind Künstliche Intelligenz, Robotik, Drohnen und vernetztes Agieren schon jetzt Realität. Dreistellige Milliardenbeträge fließen in die Weiterentwicklung dieser Systeme in den USA, China und Russland.

Wider die Sandwich-Position. Und wo steht Europa?

Leider hat der gute Hegemon als unser langjähriger Schutzpatron seine Unbedingtheit infrage gestellt. Er spielt derzeit »divide et impera«.

Die Zeit schrieb: »Donald Trump wird weiter die Verachtung für Freunde und den Flirt mit den Autoritären auskosten ... Er weiß, dass die EU nicht ohne Amerikas Markt und Schutzschirm auskommt. Das ist das Elend von uns Europäern ...«

Wir dürfen nicht wehrlos zwischen den Machtblöcken bleiben, die sich im Cyber- und Militärkomplex ein Wettrüsten leisten. Nur glaubwürdige Abschreckung schreckt wirklich ab. Der Zustand unserer Streitkräfte tut es jedenfalls nicht.

Ähnlich wie in der Verteidigung sollten wir auch bei Zukunftstechnologien nicht in der Sandwich-Position bleiben. US-Unternehmen beherrschen die digitale westliche (!) Wirtschaftswelt. China hat seine eigenen digitalen Giganten wie Alibaba und Tencent.

Wir lernen bekanntlich aus den Daten, die buchstäblich überall entstehen, ob in Social Media, beim Sport, Schlafen, Essen oder Autofahren, im Betrieb von Industrieanlagen, Turbinen, in der Landwirtschaft oder der Medizin. Genauer gesagt, nicht wir allein, sondern diejenigen lernen, die unsere Daten analysieren. Im Bereich solcher »Analytics« nutzen selbst große europäische Konzerne amerikanische Plattformen wie die von Microsoft, Google oder Palantir. Es gibt eben derzeit keine starken Alternativen aus Europa. Was das auf Dauer bedeutet, ist klar. Große Teile der Wertschöpfung wandern dorthin, wo die Erkenntnisse aus diesen Daten genutzt werden können.

USA und China dominieren die Künstliche Intelligenz. Und sie dürften leider auch bei 5G schneller vorankommen als wir, die aktuelle Klagewelle gegen das Frequenz-Vergabeverfahren ist ein Indiz dafür.

Genauso wird es im Quantencomputing oder bei Cloudtechnologien bzw. -infrastrukturen laufen. Versuchen Sie in Europa mal, einen guten Standort für ein sogenanntes Hyperscale-Rechenzentrum mit günstigen Energiekosten zu bekommen. Dabei liegt es doch auf der Hand, dass wir solche Standorte dringend brauchen.

Revolution in den Köpfen: Mehr digitale Bildung

Und was wir bei all diesen großen Aufgaben am allerwenigsten vergessen dürfen, sind unsere Kinder, also die technologischen, kreativen und ethischen Kompetenzen künftiger Generationen. Über Bildung wird ständig geredet. Jeder fordert mehr Geld, vielleicht zu Recht. Aber was genau muss wo unterrichtet werden, was müssen die Lehrer konkret beherrschen, wie müssen Schulen, Betriebe, Berufsschulen und Familien ausgestattet, unterstützt werden? Hier versagt der Bildungsföderalismus! Aber auch private Initiativen werden noch nicht ausreichend gefördert.

Die Unternehmerin Verena Pausder zum Beispiel macht mit ihren »Digitalwerkstätten« Eltern und Kindern ein sinnvolles Lernangebot, fand aber nur bei Facebook und Airbus prominente Unterstützung sowie in der Landesregierung von NRW.

Es gibt bis heute keine verpflichtenden Digital-Seminare für die Lehrer, geschweige denn flächendeckend gute IT-Ausstattungen und Fachleute an den Schulen. Oft fehlen sogar schnelle Netzanschlüsse.

Das darf nicht so bleiben, in einem Land, das hier eine technologische Transformation sondergleichen vor sich hat und dem schon deshalb nichts wichtiger sein müsste als eine gut ausgebildete Jugend. Und das überall! Denn eine urbane Digital-Elite in einigen Großstädten mit hohem Einkommen und top Jobs ist nicht ausreichend.

Und was für Deutschland gilt, gilt für ganz Europa! Vielleicht könnte die gemeinsame Arbeit daran ein wichtiger Baustein für den

Zusammenhalt unseres Kontinentes werden: jungen Menschen aus allen sozialen Schichten ein echtes digitales Bildungsangebot zu machen. So bekämpft man Ängste und gestaltet Zukunft! Dafür müssen Unternehmen und Politik einen neuen Pakt schließen, zur Finanzierung und zur Methodik. Einen Pakt, der für künftige Regierungen verbindlich ist, denn er wird über viele Jahre umzusetzen sein.

Ich bin überzeugt, dass wir Millionen engagierter Fürsprecher für die europäische Sache brauchen. Und wenn Wirtschaftsführer politisch Flagge zeigen, so wie es einige in der letzten Zeit schon getan haben, dann ist das immerhin ein guter Anfang.

EUROPA BRAUCHT EINEN KLAREN FAHRPLAN FÜR EINEN WETTBEWERBSFÄHIGEN DIGITALEN BINNENMARKT

Kasper Rorsted

Europa und adidas haben eines gemeinsam: die Vielfalt. Wer einmal durch unsere Zentrale in Herzogenaurach läuft, wird eine Vielzahl an Sprachen hören. Für mich ist das eine tolle Errungenschaft. Der Austausch von unterschiedlichen Sprachen, Kulturen und Perspektiven bereichert uns. Das Gleiche gilt für die Europäische Union: Viel zu selten halten wir Europäer uns vor Augen, wie besonders es ist, auf einem so vielfältigen und gleichzeitig friedlichen Kontinent zu leben.

Der Austausch untereinander birgt großes Potenzial, das durch die digitale Vernetzung noch weiter gehoben wird. Wir ergänzen uns und lernen voneinander. Das ist unsere Stärke. In Zeiten, in denen der Protektionismus die bisherigen Grundlagen der Weltordnung infrage stellt, müssen wir als Europäer dem etwas entgegensetzen – gemeinsam. Dabei sollte es unser aller Ziel sein, dass Europa auch in Zukunft eine Union eigenständiger Staaten bleibt, die ihre Kräfte bündeln und sich aufgrund ihrer Erfahrung und Leistung gemeinsam in der Welt behaupten. Europa steht für klare Werte und bietet Menschen Frieden, Freiheit, Wohlstand und Teilhabe – für alle.

Der europäische Binnenmarkt ist für mich neben dem friedlichen Miteinander eine der größten Errungenschaften der EU. Er wurde geschaffen, damit wir in der EU günstigen Zugang zu einer unglaublichen Auswahl an Produkten und Dienstleistungen haben. Als größter Binnenmarkt der Welt ist die EU für ein Drittel des Welthandels verantwortlich. Darauf können wir stolz sein, und darauf sollten wir bauen. Der Brexit ist für mich daher die schlechteste wirtschaftliche Entscheidung, die in den vergangenen 30 Jahren getroffen wurde. Es besteht kein Zweifel daran, dass sowohl Wirtschaft und Verbraucher als auch die Unternehmen in Großbritannien und in der EU darunter leiden werden.

Dennoch müssen wir jetzt nach vorn schauen. Statt die EU weiter zu schwächen, sollten wir sie stärken und Ideen und Maßnahmen anstoßen, die Europa fit für die Zukunft machen. Es ist an der Zeit, den europäischen Binnenmarkt in das digitale Zeitalter zu übertragen. Die Digitalisierung ist eine große Chance für Europa. Als einer der Megatrends unserer Zeit fördert sie den grenzüberschreitenden Austausch unserer Länder und Bürger und bringt uns alle europaweit näher zusammen. Gleichzeitig ist sie der Hebel, um international wettbewerbsfähig zu bleiben. Die Schaffung eines digitalen europäischen Binnenmarktes ist die Grundvoraussetzung dafür, dass Europa in der ersten Liga spielt.

Investitionen in Infrastruktur und Menschen

Zweifellos stellt uns die digitale Transformation vor Herausforderungen. Nicht nur die einzelnen Unternehmen, sondern jedes Land und auch Europa als Ganzes. Insgesamt schreitet die Digitalisierung in der EU zwar voran – es reicht aber nach wie vor nicht aus, um den Anschluss an die Weltspitze zu finden. Doch was braucht es für diesen digitalen Binnenmarkt? Um den Herausforderungen zu begegnen, benötigen wir eine europaweite digitale Infrastruktur. Sie ist das Fundament für Innovationen und Wettbewerbsfähigkeit. Dazu zählen sowohl der zügige Ausbau des europaweiten Breitbandnetzes als auch die Bereitstellung weiterer Frequenzen und Glasfasernetze für die 5G-Einführung. Hierbei spielt das Tempo aus meiner Sicht eine besondere Rolle. Erst im Jahr 2025 zu schnellerem Internet zu kommen, das kann nicht unser Maßstab sein. Wir müssen viel zügiger vorankommen.

Schauen wir uns das Beispiel Deutschland an: Obwohl Digitalisierung bereits seit 2005 ganz oben auf der Agenda steht, werden Prozesse nur zaghaft digitalisiert. Ja, man kann noch nicht einmal von München nach Nürnberg fahren und dabei ohne Funkloch-Unterbrechung telefonieren. Potenziale sehe ich zudem insbesondere bei der Digitalisierung von kleinen und mittelständischen Unternehmen sowie in der Verwaltung. Wir müssen bürokratische Hürden abbauen, Kompetenzzentren schaffen und allem voran Weiterbildungen anbieten.

Stichwort Bildung: Wir müssen das System hinterfragen. Setzen wir bei Investitionen in unsere Zukunft die richtigen Prioritäten? In einer Welt, in der Wissen jederzeit abrufbar ist, wird anders gelernt als noch vor 50 Jahren. Der technische Fortschritt erfordert von uns neue Fähigkeiten. Wie kann man da überhaupt noch diskutieren, ob wir unsere Schulen digital besser ausstatten sollen? Es ist eine absolute Notwendigkeit, wenn wir unsere Kinder auf die Herausforderungen von morgen vorbereiten wollen. Warum zieht es viele unserer besten Leute ins Silicon Valley? Weil es dort eine besser entwickelte Innovationskultur gibt. Eine Kultur, die Kooperationen als Erfolgsfaktor ansieht, anstatt Wettbewerb in den Fokus zu stellen. Von dieser Einstellung können wir uns in Europa etwas abgucken.

Wir haben in Europa sehr gute Forschungseinrichtungen. Trotzdem erreicht kein einziges europäisches Unternehmen die Börsenwerte amerikanischer Unternehmen wie Apple und Amazon. Die Realität ist, dass wir in Europa zwar herausragende Forscher ausbilden, aber bisher noch nicht in der Lage sind, die Forschung für den Markt zu gewinnen und die Ergebnisse entsprechend umzusetzen. Aufgrund einer uneinheitlichen Infrastruktur können wir die gewaltigen Mengen an Daten, die bei der Forschung entstehen, nur unzureichend nutzen. Das ist ein Nachteil. Europäische Cloud-Initiativen könnten dazu beitragen, Big Data europaweit besser zu nutzen.

Die Chancen der Digitalisierung nutzen

Die Digitalisierung verändert alle Industrien. Sie ist nicht nur eine Branche, sondern ein Phänomen, das die gesamte Wirtschaft und Gesellschaft durchzieht. Diese Entwicklung wird die gesamte Wertschöpfungskette umgestalten – von der Produktion bis hin zum Vertrieb.

Das birgt für Unternehmen enorme Möglichkeiten – auch für adidas. Wir treiben die digitale Transformation in der gesamten Organisation voran – als Team. Unsere Produkte werden zunehmend digital entworfen und verkauft. Mit Konsumenten kommunizieren wir heute vorwiegend online. In unseren *Speedfactories* implementieren wir Datenanalyse- und digitale Produktionsprozesse, um in kürzester Zeit Schuhe herzustellen. In wenigen Jahren werden wir Sportlern perfekt angepasste Schuhe in unseren Läden drucken können. Wir investieren daher ständig in unsere digitale Infrastruktur und suchen auf der ganzen Welt nach Talenten mit dieser Expertise. Nur so sind wir in der Lage, die Zukunft des Sports gemeinsam zu gestalten.

Das Gleiche gilt auch für Europa: Wir brauchen Initiativen und Innovationen, die die Digitalisierung vorantreiben, wirtschaftlich, gesellschaftlich und politisch. Klar: Innovationen bringen immer auch Unsicherheit. Sie sind anspruchsvoll und brechen den Status quo. Aber wenn wir nicht über unsere eigenen Grenzen hinausgehen, werden wir den Anschluss verlieren. Deshalb sage ich: Europa ist und bleibt ein Erfolgsmodell. Wir müssen nur mutiger sein. Dann können wir gemeinsam als europäische Einheit die beste Lösung finden – für Forschung und Wirtschaft, aber auch für unser tägliches Miteinander.

III.

EUROPA OHNE GRENZEN –
BEI ENERGIE, VERKEHR
UND KAPITAL

DIE SCHIENE ALS STARKES RÜCKGRAT EUROPAS

Richard Lutz

Tausende junger Menschen machen sich dieser Tage auf, um mit dem Zug Europa zu entdecken. Die EU stellt knapp 15 000 18-Jährigen ein Interrail-Ticket zur Verfügung, mit dem sie 30 Tage lang kreuz und quer über den Kontinent reisen können. Kaum eine Initiative zeigt aus meiner Sicht besser auf, wie die Schiene Europa verbindet. Mobilität und Logistik sind die Lebensadern unserer Gesellschaft. Sie sind wesentliche Voraussetzungen für die Teilhabe aller Bürgerinnen und Bürger am gesellschaftlichen Leben, für umweltfreundlichen Verkehr in Zeiten des Klimawandels und für nationales und globales Wirtschaftswachstum. Deutschland ist das Herzstück der transeuropäischen Verkehrsnetze. Sechs europäische Schienenverkehrskorridore verlaufen durch die Republik.

Wer im Jahr 2001 geboren ist, kennt es nicht anders: Offene Grenzen und gut ausgebaute Verkehrsverbindungen ermöglichen freies Reisen sowie den beständigen Austausch von Waren und Dienstleistungen. Dass dies nicht selbstverständlich ist, zeigen uns der Brexit und zunehmende nationalistische Tendenzen in einzelnen Mitgliedsländern.

Gerade in Zeiten, in denen Protektionismus, Abschottung und Angst vor dem Fremden propagiert werden, braucht es dringender denn je den Blick auf das Verbindende. Deshalb ist es mir eine Herzensangelegenheit zu sagen, was uns als Deutsche Bahn ausmacht. Wir stehen für ein Europa ohne Grenzen. Wir stehen für Vielfalt. Wir stehen für Toleranz. Wir stehen für internationale Arbeitsteilung und einen grenzüberschreitenden Warenaustausch. Allein in Deutschland arbeiten Kolleginnen und Kollegen aus über 100 Ländern für unser Unternehmen. Weltweit sind über 330 000 Menschen in mehr als 130 Ländern für die Deutsche Bahn tätig. Auch unsere Kunden kommen aus allen Teilen der Welt. Wir als Deutsche Bahn verbinden Menschen. Kurzum, engstirniger Nationalismus oder gar Fremdenfeindlichkeit sind das Gegenteil unserer Werte.

Wir sind ein Unternehmen mit starker europäischer Ausrichtung. Von Deutschland aus sind rund 150 Städte in Europa direkt mit dem Fernverkehr erreichbar. Täglich nutzen mehr als 40 000 Fahrgäste die rund 240 Verbindungen, von denen 50 Prozent mit dem ICE und weiteren Hochgeschwindigkeitszügen befahren werden. Im Schienengüterverkehr betreiben wir ein internationales Netzwerk und sind in 17 europäischen Ländern aktiv. Über 60 Prozent unseres Schienengüterverkehrs geht über mindestens eine Landesgrenze und reicht zum Teil weit über Europa hinaus.

Die Schiene ist damit ein starkes Rückgrat für Europa, die europäischen Eisenbahnen sind ein gutes Vorbild für die dahinterstehende Idee: nicht nur gute nachbarschaftliche Beziehungen, sondern gemeinsames Agieren auf europäischer Ebene, um das Zusammenwachsen von Menschen und Wirtschaft zu unterstützen. Anhand von acht konkreten Punkten möchte ich darlegen, welche europäischen Rahmenbedingungen wir für eine erfolgreiche Zukunft als unerlässlich erachten.

1. Binnenmarkt

Als Mobilitätsdienstleister erfüllen wir die Grundidee des Binnenmarkts täglich mit praktischem Leben. Wir haben ein vitales Interesse daran, dass der Binnenmarkt – auf der Säule der vier

Grundfreiheiten – reibungslos funktioniert. Eine Kernaufgabe der EU ist es dabei, fairen Marktzugang mit gleichen Spielregeln für alle in allen Mitgliedstaaten sicherzustellen und noch bestehende bürokratische oder technische Marktzugangsbarrieren zu beseitigen. Von früheren nationalen Eisenbahnsystemen sind immer noch zu viele uneinheitliche Standards geblieben – von der Signaltechnik bis hin zur Betriebssprache auf Grenzstrecken –, die im Sinne eines europäischen Eisenbahnraums harmonisiert werden sollten.

2. Faire Wettbewerbsbedingungen zwischen den Verkehrsträgern

Wirtschaftliche Rahmenbedingungen für Investitionen und Wachstum sollten positiv gestaltet werden. Dies bedeutet, den europäischen Unternehmen in ihrem jeweiligen Markt die gleichen Chancen zu bieten.

Die Schiene steckt jedoch nach wie vor in einer paradoxen Situation: Im Schienenverkehr steigen die Kosten bei sinkenden Preisen und Margen, während die Straße insgesamt günstiger abschneidet. Hier ist schnelles Handeln gefragt, denn der motorisierte Individualverkehr stößt an seine Grenzen. Daher brauchen wir faire Wettbewerbsbedingungen, um die umweltfreundliche Schiene zu stärken.

3. EU-Infrastrukturfinanzierung

Der Ausbau der transeuropäischen Netze ist eine Kernaufgabe der EU, bei der die Anstrengungen von Bund, Ländern, EU und Eisenbahninfrastrukturbetreibern nahtlos ineinandergreifen. Eine leistungsfähige Verkehrsinfrastruktur bildet das Rückgrat der Wettbewerbsfähigkeit Europas, ohne sie ist das zukünftige Verkehrswachstum nicht zu bewältigen.

Aktuell wird in Brüssel der neue Vorschlag der Kommission zur Finanzierung der Infrastruktur diskutiert. Darin ist ein Volumen von 42 Milliarden Euro für den Ausbau der transeuropäischen Netze in den Bereichen Verkehr, Energie und Digitales vorgesehen. Dies sind gute Neuigkeiten für die europäische Verkehrswelt, denn jeder Euro, der in grenzüberschreitende Infrastruktur investiert wird, lässt Europa und seine Menschen enger zusammenwachsen und trägt zu Wachstum und Beschäftigung bei.

4. Digitalisierung

Die Schiene muss die Chancen der Digitalisierung mit ganzer Kraft nutzen, um den Kunden ein zeitgemäßes Verkehrsangebot machen zu können. Europäische Initiativen sind dabei in verschiedenen Bereichen enorm wichtig. So hat die EU mit dem digitalen Zugleit- und Sicherungssystem ETCS (European Train Control System) einen entscheidenden Baustein für ein einheitliches europäisches Eisenbahnnetz geschaffen. Sie sollte sich weiter für einen zeitnahen und harmonisierten Ausbau in allen Mitgliedstaaten einsetzen.

Deutschland verfolgt mit dem Programm »Digitale Schiene Deutschland« einen konsequenten technologischen Modernisierungskurs. Durch den Einsatz von ETCS und die Digitalisierung des gesamten Systems werden wir die Kapazität auf dem Netz um bis zu 20 Prozent erhöhen. So werden zukünftig mehr Züge fahren, gleichzeitig wird die Zuverlässigkeit des Verkehrs steigen, und das Netz wird europäischer.

5. Klimaschutz

Die EU hat sich mit dem Pariser Klimaschutzabkommen ehrgeizige Ziele zur Reduktion der CO_2-Emissionen gesetzt. Dabei stellt insbesondere der Verkehrsbereich eine Herausforderung dar. Wir sind überzeugt, dass eine nachhaltige Verbesserung der Emissionen nur über eine Stärkung der grünen Schiene möglich ist, denn Bahnfahren ist Klimaschutz.

Schon heute leistet die Deutsche Bahn durch ihre eigenen Anstrengungen einen ganz unmittelbaren Beitrag zu den Klimaschutzzielen der EU. Bis zum Jahr 2030 wollen wir unsere spezifischen CO_2-Emissionen über alle weltweiten Verkehre im Vergleich zu 2006 halbieren. Bis 2050 wollen wir klimaneutral aufgestellt sein. Dafür setzen wir konsequent auf den Einsatz erneuerbarer Energien, auf Energieeffizienz sowie auf Modernisierung, beispielsweise mit der Hybridisierung der Dieselflotte, der genannten Ausrüstung von Netz und Fahrzeugen mit ETCS oder mit der Entwicklung und Implementierung alternativer Antriebe.

6. Soziale Säule

Die EU hat mit der Europäischen Säule sozialer Rechte wichtige Standards gesetzt. Die Deutsche Bahn trägt als einer der größten Arbeitgeber Deutschlands eine hohe soziale Verantwortung für die Beschäftigten. Dies betrifft neben den Arbeits- und Beschäftigungsbedingungen wichtige andere Bereiche wie Ausbildung, Mitarbeiterzufriedenheit, Arbeitgeberattraktivität und digitale Kompetenzen. Auch in diesem Themenbereich bestehen große inhaltliche Überschneidungen mit den Zielen der EU.

7. Sicherheit

Die Sicherheit der Bürger ist eines der Kernelemente der EU-Politik, da in unserer international verflochtenen Welt kein Land allein wirksamen Schutz gewährleisten kann. Hier gilt es, die Zusammenarbeit der Sicherheitsbehörden weiter zu stärken und einheitliche Standards zu schaffen, auch wenn die Rahmenbedingungen von Land zu Land unterschiedlich sein mögen. Die offenen Grenzen und das offene System Schiene sind wesentlich, um die Menschen zu verbinden, und sollten so wenig wie möglich eingeschränkt werden.

8. Globale Stellung der EU

Die EU sollte ihre Interessen im globalen Maßstab aktiv vertreten, in Punkten wie Marktzugang, faire Handelsbeziehungen oder Investitionsschutz und Rechtssicherheit in Drittstaaten. Denn die Schienenverbindungen reichen weit über Europa hinaus. Auch die Deutsche Bahn ist außerhalb Europas in zahlreichen Ländern und in unterschiedlichen Märkten aktiv.

Fazit: Die genannten europäischen Rahmenbedingungen und Initiativen sind von zentraler Bedeutung für den Verkehrsträger Schiene. Sie ermöglichen es, dass die Eisenbahn ihrer wichtigen Rolle für die Menschen und die Wirtschaft in Europa auch in Zukunft gerecht werden kann.

Die angesprochenen Punkte zeigen am Beispiel des Verkehrssektors auf, dass wir in Europa gerade heute in vielen Bereichen die Bereitschaft zu mehr Integration benötigen. Auf der anderen Seite müssen wir aber auch den Mut haben, nationale und regionale

Lösungen dort zuzulassen, wo sie vor Ort besser gefunden werden können. Ein Europa, das sich kontinuierlich weiterentwickelt, sich aber auch hinterfragt, wird aus den Herausforderungen der heutigen Zeit gestärkt hervorgehen.

WIR MÜSSEN DIE STROMVERSORGUNG VIEL ENGER EUROPÄISCH VERNETZEN

Rolf Martin Schmitz

Mein Herz schlägt für die Europäische Union. Sie war und ist die richtige Antwort auf Krieg und Zerstörung. Dass die meisten Europäer 74 Jahre nach dem Zweiten Weltkrieg Frieden und Wohlstand für selbstverständlich erachten, ist ihre größte Errungenschaft. Was für mich ebenso bedeutend ist: Die EU ist auch und vor allem die richtige Antwort auf die in der Zukunft liegenden Herausforderungen.

Am besten gelingt Europa immer dort, wo es viele Überschneidungen gibt, wo Menschen gemeinsam agieren oder eng zusammenarbeiten. Bei RWE, dem Unternehmen, das ich führe, ist das gut zu beobachten. RWE ist bislang vor allem in Deutschland, Großbritannien und den Niederlanden aktiv. Für die Zeit ab 2020 – wenn wir das Geschäft mit den erneuerbaren Energien von E.ON und innogy unter unserem Dach vereinen – ist das eine gute Basis, um mit internationalen Partnern in anderen Teilen der Welt noch stärker Handel zu treiben. Mir ist davor nicht bange. Im Gegenteil: Unsere internationalen Teams arbeiten hervorragend zusammen. Unterschiede müssen nicht trennen – sie können sich sehr gut ergänzen. Daraus entsteht weit mehr als gute Arbeit: Menschen interessieren sich füreinander, sie lernen sich kennen und schätzen. Das schafft Gemeinsamkeit, Respekt und Verständnis für manch länderspezifische Besonderheit. Das geht oft weit über das Berufliche hinaus. Und es ist ein gutes Mittel gegen Intoleranz.

Genau das ist der europäische Gedanke: Miteinander statt Gegeneinander, Respekt statt Abneigung. Für dieses freie, weltoffene und geeinte Europa trete ich ein. Wir alle, die ihre Stimme für Europa erheben können, sind jetzt gefordert. Schwarzmaler und Populisten haben derzeit Konjunktur. Sie bekämpfen das gemeinsame Bewusstsein für Europa und predigen nationale Abschottung. Leider in Teilen erfolgreich. Der Brexit zeigt, wie schnell sich Mehrheiten gegen den europäischen Gedanken bilden können. Er ist das unübersehbare Symptom des wiederkehrenden nationalen Denkens. Es verändert unsere Welt in eine falsche Richtung.

Ein Beispiel zeigt das sehr deutlich: Wer über Handelskriege liest, blickt wieder in Tageszeitungen statt in Geschichtsbücher. Das erschreckt mich, weil unser Modell der liberalen Gesellschaft und des freien Handels auf dem Spiel steht. Deutschland ist auf sich allein gestellt zu klein, um unsere Sicht auf Recht und Freiheit gegen China, die USA oder Russland zu behaupten. Das gelingt nur im europäischen Verbund, wenn 500 Millionen Europäer zusammenstehen. Dafür garantiert einzig die Europäische Union. Sie zu stärken ist oberste Pflicht.

Natürlich hat die EU auch ihre Schwächen – keine Frage. Auch mir ist sie oft zu behäbig und bürokratisch. Manch eine Regelung schießt über das Ziel hinaus, und nicht alle auf EU-Ebene gefundenen Kompromisse lösen bei mir spontane Begeisterung aus. Und dennoch: Für mich ist die EU das beste System, das ich mir für Europa vorstellen kann. Wo wir sie verbessern können, sollten wir das tun – verantwortungsvoll und von innen heraus.

Wo immer es möglich und sinnvoll ist, muss Europa weiter zusammenwachsen. Potenzial ist ausreichend vorhanden. Energie ist hierfür ein gutes Beispiel. Wir hätten viele Möglichkeiten, die Stromversorgung noch viel enger europäisch zu vernetzen. Sicher, bezahlbar und mit möglichst wenig CO_2. Von einem solchen Verbundnetz ist Europa noch ein ganzes Stück entfernt. Beim Energiemix denken die meisten EU-Staaten leider immer noch eher national. Frankreich setzt weiter auf Kernkraft, Polen baut auf Kohle, und Deutschland richtet seinen Fokus vor allem auf die Erneuerbaren. Auch unser Leitungsnetz orientiert sich meist noch an nationalen Grenzen. Wo es ein gut eingespieltes Orchester geben sollte, sind unabgestimmte Soli an der Tagesordnung. Dass das dissonant statt harmonisch, teuer statt effizient ist, liegt auf der Hand.

Dabei würde gerade der Energiewirtschaft eine viel stärkere europäische Ausrichtung guttun. Über 50 große Verbände sowie Energieunternehmen aus ganz Europa haben deshalb bereits die »Vision of the European Electricity Industry« unterzeichnet. Sie bekennen sich darin im Lichte des Pariser Klimaabkommens zum Ziel einer wettbewerbsfähigen, verlässlichen und bis zur Mitte des Jahrhunderts weitgehend CO_2-neutralen europäischen Energieversorgung. Das ist ein guter Anfang, der für die Politik Ansporn sein sollte, die europäische Einigung auch im Energiesektor weiter voranzutreiben.

Mit dem Europäischen Emissionshandel, kurz ETS, ist grenzüberschreitend schon ein Leuchtturm gesetzt worden. Das System ist einfach – und gut: Wer in Europa zur Stromerzeugung CO_2 ausstößt, muss dafür Zertifikate erwerben. Diese sind begrenzt, und jedes Jahr kommen weniger auf den Markt. Das führt automatisch dazu, dass die Energiewirtschaft immer weniger Treibhausgase ausstößt und die Emissionen in den Sektoren, die unter den Emissionshandel fallen, bis zum Jahr 2050 um ca. 87 Prozent zurückgehen werden. Den Preis für die Zertifikate regelt dabei der Markt, so dass durchgängig Anreize für innovative Lösungen gesetzt werden. Ein System für alle Mitgliedsländer der europäischen Union.

Um weniger Zertifikate erwerben zu müssen, ist der Einfallsreichtum der Unternehmen gefragt. Im Jahr 2017 haben allein bei RWE 550 Mitarbeiterinnen und Mitarbeiter unterschiedlicher Herkunft an über 320 Forschungs- und Entwicklungsprojekten gearbeitet. 76 Erfindungen wurden zum Patent angemeldet. Von der

Stromerzeugung bis zur modernen Speichertechnik erforschen sie so ziemlich alles, was im Energiesektor denkbar ist. Aus Ideen entstehen Pilotanlagen – und am Ende international wettbewerbsfähige Spitzentechnologien.

So arbeiten Unternehmen wie RWE an Technologien, überschüssigen Windstrom in Gas umzuwandeln und zu speichern, um es zum Beispiel später wetterunabhängig wieder verstromen zu können. Zusammen mit anderen Unternehmen hat RWE auch ein Verfahren zur CO_2-Abtrennung entscheidend weiterentwickelt. Hierdurch werden 30 Prozent weniger Energie benötigt, als das bei bisherigen Technologien der Fall war, um hochreines Kohlendioxid aus Rauchgas abzutrennen. Besonders bedeutsam, weil u. a. das UN-Klimabüro die CO_2-Abscheidung für eine weltweite Klimaneutralität als wichtigen Baustein ansieht. Dabei kann das abgetrennte Kohlendioxid als Rohstoff in der chemischen Industrie verwendet oder gespeichert werden. Klima, Verbraucher und Energiewirtschaft profitieren so am Ende gleichermaßen.

Viele Menschen außerhalb der Mitgliedstaaten beneiden uns um die Europäische Union. Wegen ihrer wirtschaftlichen Stärke, der Rechtssicherheit, der sozialen Standards und auch wegen der Fähigkeit, Kompromisse zu schließen; auch wenn das, zugegeben, manchmal sehr mühsam und zäh wirken kann. Ich wünsche mir, dass eine zusätzliche Komponente hinzukommt: Europa muss wieder Technologieführer in Zukunftsmärkten werden. Besonders im Zuge der Digitalisierung hat Europa gegenüber Mitbewerbern aus Fernost und Amerika Federn gelassen. Das ist problematisch, weil die europäischen Unternehmen in einem globalen Wettbewerb stehen. Entschlossen und geschlossen für Forschung und Entwicklung – diese Haltung sollte daher innerhalb der EU einen neuen, einen höheren Stellenwert bekommen. Warum? Für mich sind drei Gründe entscheidend:

Erstens: So entsteht der technologische Vorsprung, den wir für unsere Produkte auf den globalen Märkten brauchen. Innovative und zukunftsfähige, global wettbewerbsfähige Unternehmen sind für unseren Wohlstand unabdingbar.

Zweitens: Aus Technologieführerschaft wächst Wirtschaftskraft. Eine starke europäische Wirtschaft ist die Basis, freien und offenen Welthandel unter fairen Bedingungen zu betreiben. Ein starkes und geeintes Europa kann Mindeststandards bei der Herstellung von Gütern für den europäischen Markt oder Arbeitnehmerrechte in den Produktionsländern durchsetzen. Ein schwaches Europa wird hier scheitern.

Drittens: Eine nachhaltige Fokussierung der EU auf Forschung und Entwicklung stabilisiert und stärkt die EU im Innern. Vor allem junge Europäer im Süden Europas sind heute von Arbeitslosigkeit betroffen. Forschung, Entwicklung und die damit verbundenen Investitionen können dazu beitragen, dass hieraus Zukunftsprodukte, neue Arbeitsplätze und Wohlstand entstehen – statt Hoffnungslosigkeit.

Mut und Zuversicht stünden so (endlich) wieder im Vordergrund europäischer Debatten. Selbstvertrauen und die Freude auf Zukunft wären die Folgen des Aufschwungs. Es würde dem Geist Europas guttun, neben den großen praktischen Vorzügen wie einheitliche Währung und Reisen ohne Grenzen eine wirtschaftliche Dimension hinzuzubekommen.

Ob es so kommt, haben wir Bürgerinnen und Bürger der Europäischen Union selbst in der Hand. Natürlich werde ich daher bei der Wahl zum Europäischen Parlament mein Kreuz machen. Weil ich als Bürger zu Europa, zur EU stehe. Und weil ich möchte, dass unsere Kinder und Enkel auf einem geeinten Kontinent groß werden. Deshalb wähle ich die Zukunft – und die ist proeuropäisch.

WIR BRAUCHEN EINE REFORM DER EUROPÄISCHEN KAPITALMÄRKTE

Andreas Treichl

Im Europawahljahr 2019 sind die Fronten klar abgesteckt: Hier die Proeuropäer – gern auch mit dem Attribut »glühend« –, dort das Gegenlager, die Skeptiker, die Populisten. Macron gegen Salvini, Merkel gegen Orban. Im täglichen Kampf um die Sympathien der Bürger haben beide Seiten schweres Geschütz aufgefahren. Doch die Anhänger der Gegenseite zu überzeugen, wird nicht einmal mehr versucht – es genügt, den Nerv des eigenen Lagers zu treffen, die Sympathisanten zu mobilisieren.

Die Frage ist daher, was uns Europäer eigentlich noch verbindet. Womit kann man der zunehmenden Spaltung entgegenwirken? Auch wenn viele dies nicht gern hören: In Zeiten von »America First« fragen auch diesseits des Atlantiks viele zunächst einmal: »Was habe ich davon? Was sind meine wirtschaftlichen Vorteile?« Und genau hier sollte die Europäische Union ansetzen, wenn es um die Wiederherstellung des natürlichen Zusammenhalts geht. Nur sie verfügt über die notwendigen Hebel, unser größtes Potenzial zu heben: Die Verwirklichung eines tatsächlichen Binnenmarktes. Als Kernelement muss dabei die Entwicklung eines gemeinsamen Kapitalmarktes betrachtet werden.

Obwohl seit der Gründung der Europäischen Gemeinschaft für Kohle und Stahl über 60 Jahre vergangen sind, ist die EU noch immer kein richtiger Binnenmarkt. Woran merkt man das? Obwohl wir ein Markt mit mehr als 500 Millionen relativ wohlhabenden Verbrauchern sind, obwohl uns jedes erdenkliche Know-how

131

zur Verfügung steht, obwohl wir weltoffen und marktwirtschaftlich orientiert sind, gibt es – von ganz wenigen Ausnahmen abgesehen – schon seit den 1970er Jahren keine nennenswerten Neugründungen mehr, die es in die Liga der globalen Großunternehmen geschafft haben. In den homogenen Binnenmärkten USA und China scheinen diese Unternehmen dagegen wie Pilze aus dem Boden zu schießen.

Es drängt sich daher die Frage auf, was unsere Unternehmenswelt von der anderer großer Binnenmärkte unterscheidet. Es ist jedenfalls nicht der reine Mangel an modernen Großunternehmen. Wir haben viele davon, auf die wir stolz sein können und die wesentliche Stützen unserer Wirtschaft sind. Und auch die europäische Wirtschaft als Ganzes ist global hervorragend aufgestellt. Was uns fehlt sind nachrückende Wachstumssterne und -sternchen. Also Unternehmen, die das Potenzial haben, globale Zugkraft zu entwickeln. Unternehmen mit transformativem Charakter. Wir sollten uns daher fragen, was notwendig ist, damit wieder mehr europäische Unternehmen in diese Liga aufsteigen.

Solche Unternehmen wachsen im digitalen Zeitalter, anders als früher, in extrem hohem Tempo zu globalen Playern heran. Das gelingt dort, wo sie ihr Geschäft am einfachsten skalieren können – wo also der Markt eine kritische Größe hat. Im 20. Jahrhundert wurde das Tempo durch natürliche Faktoren, etwa den Ausbau von Logistik- und Produktionskapazitäten, bestimmt. Diese Hindernisse fallen heute meist weg, wodurch die Nachteile zu kleiner Märkte erst richtig sichtbar werden. Im europäischen Binnenmarkt gibt es zwar keine Zölle, dafür aber einen Wust an gemeinsamen Richtlinien, die einen unkomplizierten gesamteuropäischen Markteintritt erschweren. Jedes Land verfügt über seine eigenen Behörden, Sondervorschriften, Steuern und Sprachen. Brüssel baut notwendige, zusätzliche Bürokratie auf, aber schafft keine lokale ab. Kein Wunder also, dass europäischen Newcomern die Motivation, ihr Geschäft zu skalieren, recht schnell verloren geht.

Der europäische Markt ist ein Binnenmarkt light verglichen mit richtigen Binnenmärkten. Weil Unternehmen nur in Letzteren richtige Wachstumsfantasien entwickeln, hat sich auch nur in diesen Ländern eine echte Wachstumsinfrastruktur etabliert. Diese ist so erfolgreich, dass selbst unsere eigenen Wachstumsunternehmen in diese Länder gehen. Und weil das alles so gut funktioniert, sind auch die Investoren bereit mitzumachen. Während in Übersee und in Fernost die Ersparnisse am Kapitalmarkt landen, um die erfolgreichen Wachstumsunternehmen zu finanzieren, gelangen sie bei uns auf Sparkonten, um in Form von Krediten ausschließlich an möglichst sichere Kunden vergeben zu werden. Denn Risiko ist im Bankgeschäft unerwünscht geworden.

Was folgt, ist eine wachstumshemmende Spirale aus mangelndem Angebot und mangelnder Nachfrage am Kapitalmarkt. Ohne unsere eigenen Apples & Co. fehlen uns die Erfolgsgeschichten, um Investoren an den Markt zu bringen. Dies führt zu einer ausgeprägten Risikoaversion bei privaten Investoren, die nur noch von Politikern übertroffen wird, die diese Haltung dann z. B. im Rahmen der Altersvorsorge für ihre eigenen Zwecke instrumentalisieren: »Kauft lieber keine Risikoanlagen« heißt in Wahrheit: »Finanziert bitte den Staat und nicht unsere Wirtschaft.« Entsprechend fließt auch über die klassische Finanzierungsquelle des Kapitalmarktes, die institutionellen Lebens- und Pensionsversicherungen, nur wenig Geld in die Wachstumsfinanzierung. Auf der anderen Seite scheuen viele potenzielle Finanzierungskandidaten die fragmentierten europäischen Kapitalmärkte, weil sie ihnen zu klein, zu teuer, zu illiquide und daher unnötig erscheinen. Lieber konzentrieren sie sich – mangels Wachstumsmotivation – auf das günstigere bankenfinanzierbare Standardgeschäft.

Diese Schwächen sind den maßgeblichen Institutionen auf europäischer Ebene – allen voran die Europäische Kommission und die Europäische Zentralbank – natürlich bewusst. Die im Jahr 2015 berufene Kommission unter Jean-Claude Juncker machte sich denn auch sofort daran, die Missstände zu beheben, indem sie 2015 unter der Federführung des Briten Jonathan Hill für eine Europäische Kapitalmarktunion sorgen wollte. Die anfängliche Euphorie erlitt schon bald einen Rückschlag. Mit dem Brexit-Votum seiner Landsleute sah der britische Kommissar keinen Sinn mehr in seiner Tätigkeit. Und somit wird das einzige EU-Land mit einer tatsächlichen Kapitalmarktkultur die Union verlassen. Die Schweiz, als weiteres Land in Europa mit einem Verständnis für die Wichtigkeit des Kapitalmarktes für Wohlstand, wird der Union nie beitreten. In der Folge passierte das, was man als gelernter Europäer schon oft beobachten musste: Die großen Ideen wurden zusehends weichgespült, bis nur mehr kleine, leicht verdauliche Bauklötzchen übrig waren, die man nun, kurz vor dem Ende der Amtszeit, als »mission accomplished« präsentiert.

Aber vollendet wurde gar nichts, weil bei dem entscheidenden Thema, dem Ausbau eines dynamischen Kapitalmarktes – auch zulasten der übertriebenen Abhängigkeit von Bankfinanzierungen –, keinerlei Veränderung zu verzeichnen ist. Die Stolpersteine sind die gleichen wie bei allen Integrationsbemühungen auf europäischer Ebene. Wenn nicht unbedingt nötig, möchte niemand in Fragen der nationalen Souveränität nachgeben, geschweige denn auf Rechte verzichten. Die Entwicklung der Börsen wird immer nur mitgetragen, solange das eigene Land profitiert. Große Lösungen hingegen werden auf den Sankt-Nimmerleins-Tag verschoben. Eine große Lösung ist aber nötig, damit ein gesamteuropäischer Kapitalmarkt entsteht, der für alle Unternehmenstypen zu einer realen Finanzierungsoption wird. Denn der Kapitalmarkt muss auch den für unsere Wirtschaft so wichtigen kleinen und mittleren Unternehmen zur Verfügung stehen. Gerade für sie können zusätzliche Finanzierungsmöglichkeiten einen enormen Unterschied machen. Um einen globalen Stern zu produzieren, braucht es ein Universum an innovativen lokalen Sternchen.

Es wird daher ein Kraftakt nötig sein, um der nach den europäischen Wahlen neu bestellten Kommission die Bedeutung des Themas klarzumachen und sie zu überzeugen, die Messlatte beim Thema Kapitalmarktunion höher zu legen. Was eigentlich nicht allzu schwer sein sollte, geht es doch um den Wohlstand der EU-Bürger und damit verbunden um einen für alle spürbaren Wert dieser Gemeinschaft.

An drei wesentlichen Hebeln wird man dabei nicht vorbeikommen:

Ein zentraler Aspekt, bei dem viele Verantwortliche in Europa reflexartig zucken, ist die Frage der Steuersouveränität. Sozusagen die Versinnbildlichung der Souveränitätsfrage in Europa. Machen wir uns nichts vor: Am Kapitalmarkt sind Finanzprofis und private Investoren am Werk. Für diesen Kreis sind Steuern ein zentraler Faktor. Ohne eine gewisse Einheitlichkeit in der Europäischen Union oder zumindest mittelfristige Konvergenz wird es kein großes Ganzes, sondern nur ein Gegeneinander geben.

Das zweite wichtige Thema ist ebenfalls wirtschaftlicher Natur. Mehr Aktivität am Kapitalmarkt muss sich für die Wirtschaftsakteure rechnen. Der Kapitalmarkt ist kein Wohltätigkeitsverein, sondern ist grundsätzlich nutzenorientiert. Es darf keine Incentivierung von Stagnationsfinanzierung auf Kosten von Wachstumsfinanzierung geben. Incentiviert werden sollte die höhere Transparenz der am Kapitalmarkt aktiven Unternehmen. Auch muss die Ungleichbehandlung von Eigen- und Fremdkapital endlich beendet werden. Die Verantwortlichen müssen dabei ein gesundes Augenmaß bewahren, damit es in Europa nicht zu gesellschaftsschädlichen Risikoauswüchsen kommt; man denke an das Schattenbankenwesen in China.

Der dritte und vielleicht wichtigste Aspekt betrifft das Risiko in Verbindung mit unserer europäischen Risikoaversion. Wir sollten uns fragen, ob es in Zeiten drohender Altersarmut der heute Aktiven noch vertretbar ist, die gesamtwirtschaftlichen Ersparnisse möglichst ohne Risiko anzulegen. Wir sollten uns fragen, ob wir nicht bereits jetzt an einem Punkt sind, wo ein gesundes Maß an Risikobeteiligung an der Wirtschaft nicht nur vertretbar, sondern moralisch angebracht ist. Viele Wirtschaftstreibende wären bereit, mehr Risiko zu übernehmen. Banken und Versicherungen würden gern stärker zur Wachstumsfinanzierung beitragen. Dies wird aber derzeit regulatorisch sogar bestraft.

Es bleibt zu hoffen, dass es nicht wieder erst eine große Wirtschaftskrise braucht, um den Handlungsbedarf zu erkennen und die nötigen Fortschritte zu erzielen.

WILL SICH EUROPA BEHAUPTEN, MUSS ES DIE ZWEIFEL AM BESTAND DES EURO AUSRÄUMEN

Carola von Schmettow

Wer die Perspektive ändert, sieht Dinge in einem anderen Licht. Dieser Aphorismus gilt auch für die Frage, ob wir heute mehr Europa brauchen oder der Renaissance der Nationalstaaten frönen sollten.

Deshalb lassen Sie uns einmal die Perspektive wechseln und die Welt von oben betrachten – bei Nacht. Lassen Sie uns von den Sternen einen Blick auf die Erde werfen. Was wir dann sehen, ist höchst aufschlussreich – vorausgesetzt, wir nehmen Satellitentechnik und die Kunst der Fotomontage zu Hilfe.

Wir sehen nämlich nicht nur, was ist, sondern mit etwas Fantasie auch, was kommt.

Da ist zum einen der chinesische Osten. Er strahlt hell. Und da ist Europa, das ebenfalls sehr hell strahlt. Zwischen Atlantik und Gelbem Meer leben heute schon 4,6 Milliarden Menschen. Fast 60 Prozent des Weltsozialproduktes werden hier erwirtschaftet.

Noch interessanter aber als diese hellen Bereiche sind die dunklen: Je weiter der Blick vom Gelben Meer in den Westen schweift, umso matter die Lichter, bis sich 2000 Kilometer im asiatischen Landesinneren Dunkelheit ausbreitet. In zwei bis drei Jahrzehnten wird dieses Bild höchstwahrscheinlich anders aussehen. Dort, wo heute noch alles dunkel ist, werden die Lichter angehen. Und das hat mit einem gigantischen Projekt zu tun: mit der neuen Seidenstraße der Chinesen. Etwa 900 Groß- und Infrastrukturprojekte mit einem Volumen von 850 Milliarden US-Dollar sind geplant.

Die neue Seidenstraße soll vom Gelben Meer an der Ostküste Chinas bis zum Atlantik reichen, denn die Verbesserung der Verbindungen zwischen den beiden starken Polen des eurasischen Raums – Afrika inklusive – birgt enorme Wohlfahrtspotenziale. Wer diesen Raum wirtschaftlich dominiert, beherrscht die Weltwirtschaft der Zukunft.

Sicher, es gibt in dem Projekt Rückschläge und auch Kritik. Aber China hat sich in Wirtschaftsfragen internationaler Kritik meistens gestellt und sein Vorgehen entsprechend angepasst. HSBC erwartet deshalb transparentere Beschaffungsprozesse, mehr Machbarkeitsstudien für Projekte und einen stärkeren Fokus auf angemessene Konsultationen vor der Finanzierung. Deshalb hat das Seidenstraßenprojekt große Chancen auf Verwirklichung.

Ganz gleich, auf welche Prognosen man schaut: In 25 Jahren wird China für rund ein Viertel der nominalen Weltwirtschaftsleistung stehen, die USA nur mehr für 18 und die EU für 15 Prozent, wenn man Großbritannien noch dazurechnet.

Das heißt: China wird in absehbarer Zeit wieder den Anteil an der Weltwirtschaft haben, den es im Spätmittelalter und davor bereits hatte. Und zwischen China, das seinen Plan umsetzt, und den USA, die derzeit ihre Rolle mit »America First« neu definieren, befindet sich die Europäische Union (EU) – wirtschaftlich noch auf Augenhöhe, politisch aber abgeschlagen. China, das von der Finanzkrise nur am Rande betroffen war, hat die vergangenen zehn Jahre genutzt, um an Deutschland und Japan vorbeizuziehen und zur klaren Nummer zwei der Weltwirtschaft zu avancieren.

Und wenn man 25 Jahre weiter schaut, sollten auch Indien, Brasilien und Indonesien gemessen an ihrer wirtschaftlichen Stärke Deutschland überholt haben. Wollen Deutschland, Frankreich und

Italien, die alle drei heute noch zu den G7-Staaten zählen, dann noch auf internationalem Parkett Gehör finden? Wollen sie ihre Interessen in multilateralen Abkommen vertreten wissen und weiter von der Globalisierung profitieren? Dann führt an einem vereinten Europa kein Weg vorbei.

Bestes Beispiel für ein starkes Europa ist heute vor allem die Handelspolitik. Hier spricht die EU mit einer Stimme, hier hat sie ein klares Verhandlungsmandat und kann die Ansichten und Interessen der Mitgliedstaaten sehr effektiv in Handelsabkommen einbringen.

Damit ist die Eingangsfrage beantwortet. Auch im Europawahljahr 2019 lautet das richtige Motto: Mehr Europa wagen! Denn die Vorteile liegen auf der Hand.

Doch während die Vorteile der gemeinsamen Handelspolitik und des gemeinsamen Binnenmarkts eindeutig sind, gilt das für die gemeinsame Währung nicht. Es ist zwar richtig, dass ein gemeinsamer Binnenmarkt nur mit einer gemeinsamen Währung sein volles Potenzial entfalten kann. Doch seit der Finanzkrise sind in allen Ländern erhebliche Zweifel am Nutzen des Euro aufgekommen.

Und das hat einen einfachen Grund: Die USA, die die Krise an erster Stelle zu verantworten hatten, sind wirtschaftlich deutlich besser durchgekommen als Europa. Die Eurozone hat zehn Jahre gebraucht, um bei Wirtschaftsleistung und Beschäftigung wieder an das Vorkrisenniveau anzuknüpfen. Die USA hatten das dreimal schneller geschafft, ganze sieben Jahre früher!

An diesem Punkt muss die Debatte um die Zukunft Europas beginnen. Warum, so die Schlüsselfrage, ist die Eurozone so viel schlechter durch die Finanzkrise gekommen? Oft wird das halbherzige Krisenmanagement als Grund genannt. Das stimmt, doch das ist nur die halbe Wahrheit. Die ganze lautet: Die Währungsunion ist eine unvollendete, ihr fehlt der politische Überbau und damit der Euro-Finanzminister samt Euro-Budget.

Den Konstruktionsfehler der Währungsunion haben die Väter des Euro wissentlich in Kauf genommen – und zwar im Vertrauen darauf, dass der Euro der Anfang einer Reise hin zur politischen Union werde. Die Politiker um den damaligen Bundeskanzler Helmut Kohl setzten auf einen europäischen Mechanismus, der nach dem Krieg so oft hervorragend funktioniert hatte. Immer wenn es in Europa schwierig wurde und zu kriseln begann, wenn das Momentum für mehr Europa entstand, gaben sich die Staats- und Regierungschefs einen Ruck und gingen den nächsten großen Schritt in Richtung gemeinsames Europa.

Als jedoch die Finanzkrise 2008 ihren Lauf nahm und aus der Bankenkrise in Euroland eine Staatsschuldenkrise wurde, blieb der große Wurf hin zu einem Euro-Finanzminister aus. Dieser hätte neben der Möglichkeit, Euro-Schulden aufnehmen zu dürfen, auch Durchgriffsrechte in die nationalen Haushalte gebraucht, um Fehlverhalten ahnden zu können.

Obwohl das Momentum da war, zögerten die Staats- und Regierungschefs. Dieses Zögern ist der wesentliche Grund dafür, dass Euroland so viel schlechter durch die Krise gekommen ist als die USA, aber auch andere EU-Staaten mit eigener Währung. Das Zögern hat in allen Mitgliedsländern den Europagegnern Auftrieb verliehen, die Euro-Skepsis in der Bevölkerung verstärkt. Das ist verständlich. Wenn die Aufgabe der eigenen Währung zugunsten einer gemeinsamen im Krisenfall dazu führt, dass die Arbeitslosigkeit stärker steigt und der Staat mehr sparen muss, dann ist das keine Werbung für mehr Europa.

In den Geschichtsbüchern wird man mindestens zwei Namen finden, denen die Rettung des Euro zu verdanken ist: Mario Draghi, Chef der Europäischen Zentralbank, und Bundeskanzlerin Angela Merkel. Unter ihrer Führung ist das Schlimmste verhindert worden, nämlich das Auseinanderfallen der Eurozone.

Doch gerettet bedeutet nicht, dass die Eurozone für die nächste Krise gewappnet wäre. Im Gegenteil: Zum einen haben die Euro-Staaten die Zeit nicht genutzt, die ihnen Mario Draghi mit seiner expansiven Geldpolitik gekauft hat. Strukturreformen, die das langfristige Wachstumspotenzial der Eurozone erhöhen, waren in den vergangenen Jahren Mangelware. Zum anderen ist die Architektur der Währungsunion noch immer nicht stabil. Um den Euro dauerhaft zum Erfolg zu machen, bedarf es dringend einiger Reformen, die nach der Europawahl anzugehen sind. Dazu zählen:

Erstens die Schaffung eines echten europäischen Währungsfonds, damit Europa im Krisenfall eigenständig handlungsfähig ist. Soll der Fonds glaubwürdig sein, müssen seine Entscheidungen vor dem Europäischen Parlament Bestand haben, nicht vor den nationalen Parlamenten.

Zweitens ein Eurozonen-Budget, das im Fall von länderspezifischen Schocks, bedingt durch Naturkatastrophen oder Strukturwandel, den Abschwung lindert, indem es eine antizyklische Fiskalpolitik ermöglicht. Nur so lässt sich in Krisenländern der zurzeit noch bestehende Teufelskreis zwischen den steigenden Kosten der Verschuldung und mehr Sparanstrengungen durchbrechen. Nach Berechnungen von HSBC werden in den USA gut 80 Prozent eines asymmetrischen Schocks in einer Region abgefedert, in der Eurozone sind es gerade einmal 25 Prozent. Was nicht abgefedert wird, bleibt als permanente Wohlstandslücke zurück. Dabei ist die antizyklische Fiskalpolitik über ein gemeinsames Budget nur ein wichtiges Element, um die Währungsunion effektiver zu machen. Auch der Kapitalmarkt und der Arbeitsmarkt übernehmen beim Abfedern von asymmetrischen Schocks wichtige Rollen. So strömt in den USA Kapital in schwächelnde Regionen auf der Suche nach hochrentierlichen Anlagen. Doch auch dieser Mechanismus ist in Europa seit der Krise gestört. Die Kapitalströme in die schwachen Länder sind wie ausgetrocknet, da das Vertrauen in den Bestand der Währungsunion fehlt.

Drittens muss deshalb die Bankenunion vollendet werden. Es existieren zwar bereits die gemeinsame Aufsicht über systemrelevante Banken und auch ein gemeinsamer Abwicklungsmechanismus für notleidende Institute. Doch die Banken sind immer noch zu stark mit ihrem Sitzstaat verflochten. Diesen Risikoverbund gilt es zu lockern. Dazu braucht es zum einen die gemeinsame Einlagensicherung. Hierfür müssten die Euro-Staaten das jeweils unterschiedliche Niveau notleidender Kredite in den Griff bekommen, damit die Startbedingungen für alle Länder gleich sind. Zum anderen erfolgt die Lockerung des Risikoverbundes über eine Art gemeinsamer Staatsanleihen, die den Banken die Möglichkeit eröffnen, ein diversifiziertes Euroland-Risiko als sichere Anleihen zu kaufen. Je näher diese Anleihen den umstrittenen Euro-Anleihen kämen, desto besser ihre Wirkung mit Blick auf den Risikoverbund.

Und viertens muss die Kapitalmarktunion mit Verve vorangetrieben werden, denn der Brexit bedeutet auch, dass der am besten entwickelte Kapitalmarkt Europas die EU verlässt. Damit europäische Unternehmen leichter an Kapital gelangen und die starke Abhängigkeit von den Banken reduziert wird, braucht es die Kapitalmarktunion. Dazu muss es unter anderem zu Harmonisierung von Reportingstandards und dem Insolvenzrecht kommen.

Würden diese vier Forderungen erfüllt, wäre das ein wichtiger Schritt hin zu mehr Europa. Denn eine Währungsunion, die funktioniert und auch nicht mehr auseinanderfallen kann, sorgt für Wettbewerbsfähigkeit, Wachstum und Wohlstand. Nur so bleibt Europa ein starker Partner für die USA und China. Und nur so wird die europäische Idee wieder attraktiv.

IT'S ALL ABOUT SCALING, STUPID!

Jörg Rocholl

Europäische Unternehmen verlieren den Anschluss an amerikanische und chinesische Wettbewerber. Zu diesem Schluss gelangt man, wenn man sich die am höchsten bewerteten börsennotierten Unternehmen der Welt anschaut. Unter den Top 10 befinden sich laut einem aktuellen PwC-Ranking acht amerikanische und zwei chinesische Unternehmen, aber kein europäisches. Deutsche Unternehmen folgen sogar erst ab Rang 60 – nur vier von ihnen schaffen es unter die Top 100 weltweit. Nun kann man zwei Punkte einwenden: Zum einen ändern Börsenkurse sich ständig, so dass das Bild morgen schon wieder anders aussehen kann als heute. Zum anderen profitiert besonders die deutsche Wirtschaft von ihrem starken Mittelstand und den vielen Hidden Champions. Börsenkurse sind also nicht das Maß aller Dinge.

Die Tendenz aber ist klar: Kapitalmärkte sehen die Zukunft eher bei amerikanischen und chinesischen Unternehmen als bei europäischen. Diese Entwicklung ist umso bemerkenswerter, wenn man folgende Aspekte bedenkt: Die wertvollsten Unternehmen weltweit wie Apple, Google und Amazon in den USA oder Tencent und Alibaba in China sind erst über die letzten Jahre in ihre jetzige Position gekommen. Ihr Aufstieg symbolisiert die rasante Entwicklung bei daten- und plattformgetriebenen Geschäftsmodellen. Diese Unternehmen greifen mit ihren Modellen und ihrer enormen Finanzkraft Wettbewerber in anderen Industrien und anderen Ländern an, die händeringend nach strategischen Antworten auf die neuen Herausforderungen suchen. Europäische Unternehmen stehen hier eher in einer Verteidigungsposition. Sie sind in diesen dynamischen Wachstumsmärkten nicht umfassend genug vertreten, um selbst signifikanten Einfluss nehmen zu können. Vielmehr werden europäische Start-ups häufig nach erfolgreichem Einstieg von den internationalen Giganten aufgekauft. Die satten Gewinne machen dann die anderen.

Warum erleben wir diese Entwicklung trotz des enormen Erfolgs des europäischen Binnenmarkts? Auf den ersten Blick bietet dieser alle Voraussetzungen, um europäischen Unternehmen jeglichen Alters und jeglicher Größe eine Entwicklung über Ländergrenzen hinweg zu ermöglichen. Die Freizügigkeit von Gütern, Dienstleistungen, Kapital und Personen ist die zentrale Basis für die Integration der europäischen Volkswirtschaften und damit für wirtschaftliches Wachstum in Europa. Forscher messen der Schaffung des Binnenmarktes in dieser Hinsicht sogar größere Bedeutung bei als der Einführung der gemeinsamen Währung im Jahr 1999. Mehr als 500 Millionen Menschen leben und arbeiten in diesem Raum – mit einer Wirtschaftskraft, die es mit jedem anderen Wirtschaftsraum weltweit aufnehmen kann. Niemand kann also ernsthaft den enormen Erfolg des europäischen Binnenmarktes und seinen entscheidenden Beitrag zum Wirtschaftswachstum in der Europäischen Union über die vergangenen 25 Jahre nach seiner Einführung bestreiten. Kann er diesen auch über die kommenden 25 Jahre gewährleisten?

Hier empfiehlt sich ein zweiter Blick. Der wirtschaftliche Erfolg bei daten- und plattformgetriebenen Geschäftsmodellen hängt besonders von ihrer schnellen und umfassenden Skalierung ab. Denn jeder neue Nutzer einer Plattform erhöht den Wert dieser Plattform für alle anderen Nutzer. Möchte man sich zum Beispiel mit Freunden online austauschen, muss man dort sein, wo bereits viele Freunde sind. Ab einer bestimmten kritischen Grenze wächst die Anzahl der Nutzer umso stärker, denn niemand kommt mehr an dieser Plattform vorbei. Das Zauberwort heißt Skalierung – man könnte auch sagen Wachstum um jeden Preis bei vorläufiger Missachtung von Margen. Diese folgen automatisch, wenn man erst den Status als Marktführer eingenommen hat. Eine solche Plattform ist dann nicht nur für die Nutzer von Interesse, sondern auch für weitere Akteure wie die Anbieter von Gütern und Dienstleistungen, Kapitalmärkte und Finanzinstitutionen. Die zentrale Frage lautet also, ob der europäische Binnenmarkt die Skalierung neuer Geschäftsmodelle ermöglichen kann. Die Antwort lautet: Ja, aber.

Denn es gibt nach wie vor einige erhebliche Hürden, die eine vollständige Marktintegration in Europa behindern. Die zentrale wirtschaftliche und politische Herausforderung besteht darin, diese Hürden zu identifizieren und möglichst schnell zu beseitigen. Der konkrete wirtschaftspolitische Vorschlag ist also eine Inventur aller praktischen Hürden im europäischen Binnenmarkt, um das ungenutzte Potenzial einer vollständigen Marktintegration ausschöpfen zu können. Die ESMT Berlin und die Bertelsmann-Stiftung haben mit dieser Aufgabe im Bereich der Kapitalmärkte und Finanzdienstleistungen begonnen und damit die Einladung an andere Akteure verbunden, diese Inventarliste zu vergrößern und für andere Märkte zu erweitern.

Bei Kapitalmärkten und Finanzdienstleistungen kann eine stärkere Integration ehemals getrennte Märkte zusammenbringen, wodurch der Austausch von Informationen, grenzüberschreitende Kapitalflüsse und Investitionen, der Handel mit Finanzprodukten sowie die Anziehung ausländischer Finanzmittel ermöglicht werden. Der Weg zu einem vollwertigen EU-Finanzmarkt begann 1957 mit dem Vertrag von Rom. Im Vertrag von Maastricht wurde dann im Jahr 1993 das Ziel formuliert, den Europäischen Binnenmarkt vollständig zu verwirklichen. Weitere Schritte wie der Financial Services Action Plan und die Schaffung der Europäischen Währungsunion haben seitdem zu immer stärker integrierten Märkten geführt. Als Reaktion auf die Finanzkrise wurde zudem ein einheitlicher regulatorischer Rahmen mit gemeinsamen Regeln für den Finanzsektor geschaffen, um gleiche Wettbewerbsbedingungen zu gewährleisten und ein robusteres Finanzsystem zu entwickeln. Viele der tiefer hängenden Früchte wurden im Zuge dieses langen Prozesses bereits geerntet. Um einen vollständig integrierten Binnenmarkt zu schaffen, der weitere Vorteile aus der Finanzintegration zieht, muss nun der Schwerpunkt darauf gelegt werden, die verbleibenden Hindernisse zu beseitigen. Im Folgenden soll erläutert werden, worin diese bestehen und wie sie überwunden werden können. Dabei wird zwischen solchen Hürden unterschieden, die Banken, Unternehmen sowie Investoren betreffen.

Banken

Abschirmung der Zahlungsflüsse zwischen Banken und deren Tochtergesellschaften durch nationale Regulierungsbehörden

Konzerninterne Kredite für Banktöchter mit Muttergesellschaften in anderen europäischen Ländern können von nationalen Aufsichtsbehörden stark eingeschränkt werden. Weitere Regulierungsbefugnisse sollten daher auf die europäische Ebene übertragen werden.

Inkonsistente Anwendung von Abwicklungsregeln

Bailout-Regeln, die in der Bank Recovery and Resolution Directive (BRRD) festgeschrieben sind, wurden bisher lediglich bei der spanischen Bank Banco Popular angewendet. Die Europäische Kommission muss sicherstellen, dass das Beihilferecht so reformiert wird, dass es mit den Anforderungen der Bankenunion im Einklang steht.

Probleme bei der Verbriefung von Bankkrediten
Banken sind häufig mit hohen Abschlägen bei der Verbriefung von Krediten konfrontiert. Es könnte helfen, wenn ein unabhängiges und vertrauenswürdiges Institut, etwa die Europäische Investitionsbank, diese Kreditpakete zertifiziert und bewertet und so die Verbriefung erleichtert.

Unternehmen

Bürokratie und Rechtsunsicherheit durch Vorschriften für IPO-Prospekte
Derzeit ist die Europäische Kommission dabei, die Regeln für Börsengang-Prospekte zu reformieren. Dieser Schritt ist zu begrüßen. Es besteht jedoch die Gefahr, dass die aktuellen Reformvorschläge die Bürokratie eher erhöhen. Die Prospekte sollten nützliche Informationen für potenzielle Investoren enthalten, nicht aber eine umfassende Auflistung sämtlicher Faktoren, die die Geschäftsaussichten unter allen denkbaren Umständen beeinflussen könnten.

Unternehmensbesteuerung verzerrt Finanzierung und schadet grenzüberschreitender Risikoteilung
In den meisten Unternehmenssteuersystemen der EU-Mitgliedstaaten können Zinszahlungen von der Körperschaftssteuer abgezogen werden – für die Finanzierung über Eigenkapital gibt es jedoch keine entsprechende Regelung. Dies verzerrt die Finanzierungsentscheidungen der Unternehmen in Richtung der Fremdka-

pitalfinanzierung. Die Beseitigung des Schulden-Bias könnte daher wesentlich zur Entwicklung der Aktienmärkte in Europa beitragen.

Unterschiedliche Insolvenzregeln schaffen Unsicherheit und behindern grenzüberschreitende Kreditvergabe
Die Insolvenzverfahren unterscheiden sich stark von Mitgliedstaat zu Mitgliedstaat, was eine Reihe von negativen Folgen hat. Während eine vollständige Harmonisierung des nationalen Insolvenzrechts auch mittelfristig eher unrealistisch ist, sollte es möglich sein, ein europäisches Insolvenzrecht einzuführen, auf das sich die Unternehmen in Absprache mit ihren Gläubigern freiwillig einlassen können.

Investoren

Geringe Beteiligung am Aktienmarkt
Im Vergleich zu Bürgern anderer entwickelter Staaten investieren Europäer eher wenig in Aktien. Diese bieten über einen längeren Anlagehorizont jedoch deutlich höhere Renditen als die meisten anderen Anlageklassen. Ein möglicher Grund für die mangelnde Akzeptanz von Aktien ist die Regulierung von Aktienkäufen und die damit verbundene Bürokratie bei der Beratung von Privatanlegern. Es könnte sich lohnen, eine Opt-out-Regel einzuführen, mithilfe derer informierte Anleger ohne wiederholten bürokratischen Aufwand in eine große Klasse von Finanzprodukten investieren können.

Informationsasymmetrien durch Unterschiede in der Anwendung von Rechnungslegungsvorschriften
Die Bilanzen sowie Gewinn- und Verlustrechnungen von Unternehmen gehören zu den wichtigsten Informationsquellen für In-

vestoren. Versuche, die Rechnungslegungsstandards in der EU komplett zu vereinheitlichen, waren bisher nicht von Erfolg gekrönt. Investoren müssen sich die nötigen Informationen meist auf kostspielige Weise beschaffen. Um die dadurch entstehenden Informationsasymmetrien zu verringern, sollte eine zentrale Regulierungsbehörde die einheitliche Anwendung der Vorschriften in der gesamten EU durchsetzen.

Dieser Beitrag basiert auf dem White Paper »Financial market integration in the EU: A practical inventory of benefits and hurdles in the Single Market« von Katharina Gnath, Benjamin Grosse-Rüschkamp, Christian Kastrop, Dominic Ponattu, Jörg Rocholl und Marcus Wortmann.

OFFEN UND GESCHLOSSEN –
ZWEI WÜNSCHE FÜR EUROPA

Dieter Zetsche

Die Europäische Union ist ein großes, einzigartiges Friedensprojekt. Und ich finde, es spricht *für* Europa, dass das Argument »Frieden« gerade in jüngeren Generationen nicht mehr so zieht. Ich bin aber auch überzeugt: Die Jüngeren muss man nicht mit der Angst vor der Vergangenheit zu entschlossenen Europäern machen. Es gibt ein noch viel besseres Argument: die Lust auf Zukunft. Vor uns liegt eine Fülle an neuen Möglichkeiten. Wenn wir sie nutzen wollen, brauchen wir zum einen noch mehr Offenheit und zum anderen noch mehr Geschlossenheit. Das sind meine beiden Wünsche für Europa.

1. Offenheit

Wenn es eines gibt, das wir in den letzten Jahren vom IT-Sektor lernen konnten, ist es die Tatsache, dass offene Systeme tendenziell erfolgreicher sind als geschlossene. Das gilt für Daimler und die EU ebenso wie für Windows und Android. Für unsere erfolgreiche Zukunft ist Offenheit eine Grundvoraussetzung.

Und das ist allem voran eine Frage der Haltung. Statt zu lamentieren, warum etwas unmöglich oder zumindest unwahrscheinlich, aber in jedem Fall unbezahlbar ist, sollten wir neuen, mutigen Ideen mehr Raum geben. Zugegeben, das ist leichter gesagt als getan. Wer die Strukturen in Unternehmen kennt, weiß:

In Großkonzernen gibt es ganze Abteilungen, die sich nicht damit beschäftigen, wie man Risiken eingeht, sondern wie man sie vermeidet. Und das aus gutem Grund – schließlich geht es um Hunderttausende Arbeitsplätze. Wer sich jedoch zu sehr mit der Vermeidung von Risiken beschäftigt, übersieht schnell das größte Risiko: Stagnation.

Unternehmen und ganze Volkswirtschaften begehen die größten Fehler in Phasen, in denen es gut läuft. Angesichts sicherer Gewinne oder hoher Steuereinnahmen ist es leicht zu sagen: »Der Erfolg gibt uns Recht. Wir machen genau so weiter.« Hätten Carl Benz und Gottlieb Daimler vor 130 Jahren so gedacht – sie hätten nicht das Auto erfunden, sondern das Pferd optimiert. Und wir hätten vermutlich nicht angefangen, Autos auch zu teilen, statt nur zu verkaufen – um ein Beispiel aus der jüngeren Daimler-Geschichte zu nennen.

Auch die EU ist kein Projekt, auf dem man sich, einmal erfolgreich geeint, ausruhen kann. Wenn wir uns nicht für die Zukunft der EU starkmachen, überlassen wir den Europagegnern kampflos das Feld. Wie können wir also mehr Offenheit und mehr Lust auf Zukunft in Europa verankern?

In den letzten Jahren ist das Innovationstempo stetig gestiegen, aber wirklich bahnbrechende, disruptive Innovationen sind rar – auch im digitalen Zeitalter. Umso wichtiger ist es, das richtige Klima in Europa zu schaffen. Ein Klima, das im Zweifel eher vermeintlich unreife Innovationen fördert, statt über unreife Regularien zu debattieren. Bei Daimler haben wir in den letzten Jahren unsere komplette Unternehmenskultur auf den Prüfstand gestellt und den größten Wandel unserer Geschichte angestoßen. Wir sind längst nicht am Ende. Aber wir haben an vielen Stellen bereits mehr Offenheit in unsere Arbeit gebracht – mit kürzeren Entscheidungswegen, mehr Gestaltungsspielraum, mehr Risikofreude.

In beiden Fällen brauchen Veränderungen vor allem eins: einen langen Atem. Natürlich kann man Daimler nicht mit der EU vergleichen. Aber auch wir brauchen für große Projekte Durchhaltevermögen. Beispiel E-Mobilität: Zum Ziel der Bundesregierung, bis 2020 eine Million E-Autos auf deutschen Straßen zu haben, müssen wir die heutigen Elektro-Zulassungen mehr als verzehnfachen. Man könnte also kapitulieren. Stattdessen haben wir bei Daimler den Schalter umgelegt: Wir investieren in den nächsten Jahren mehr als 10 Milliarden Euro in unsere Elektroflotte, eine weitere Milliarde in unsere Batteriefabriken und wir haben uns den Zugang zu Batteriezellen für 20 Milliarden Euro gesichert. Bis 2022 werden wir unser gesamtes Pkw-Portfolio elektrifizieren. Daneben elektrifizieren wir auch Vans, Trucks und Busse.

Unser Ziel bei all dem ist klar: Das Auto wurde hier in Europa erfunden – wir wollen, dass auch seine Neuerfindung von hier aus vorangetrieben wird. Die Rahmenbedingungen stimmen: Nirgends auf der Welt wird so viel in die Forschung und Entwicklung von neuen Fahrzeugen investiert wie in Europa. Damit diese hohen Investitionen zu großen Innovationen werden, braucht es aber nicht nur Offenheit für neue Ideen – es braucht auch Geschlossenheit, um sie gemeinsam erfolgreich anzupacken. Und damit bin ich bei meinem zweiten Wunsch.

2. Geschlossenheit

In einer Rede zur Lage der Europäischen Union sagte Jean-Claude Juncker letztes Jahr:

»Wer sein Land liebt, muss Europa lieben.«

Das klingt nach viel Pathos. Im Prinzip ist es aber einfache Mathematik: Derzeit leben auf der Erde rund 7,3 Milliarden Menschen. 81 Millionen davon in Deutschland – ein winziger Bruchteil. Laut Schätzungen der UNO wird die Weltbevölkerung bis 2020 jedes Jahr um 78 Millionen Menschen zunehmen. Oder anders gesagt: fast ein Mal Deutschland pro Jahr. Umso mehr brauchen wir die Europäische Union – denn sie gibt uns deutlich mehr Gewicht am Verhandlungstisch. Um unsere Interessen auf der globalen Bühne durchzusetzen, müssen wir in der Welt geschlossen als Europäer auftreten und nicht als Polen, Italiener oder Deutsche.

Dabei ist klar: Ein starkes Europa bedeutet nicht, dass alle Probleme in Brüssel gelöst werden können und sollen. Im Gegenteil: Die EU kann durch mehr Subsidiarität noch attraktiver werden. Wir brauchen nicht mehr Regularien, sondern mehr Zusammenhalt bei den großen Fragen.

Auch in der Wirtschaft setzen wir bei großen Innovationen immer häufiger auf große Kooperationen. Nur ein aktuelles Beispiel: Mit unseren Mobilitätsdiensten war Daimler bereits Nummer eins in Europa. Wir hätten uns also entspannt zurücklehnen können. Angesichts des globalen Wettbewerbs wäre das aber der größte Fehler, den wir machen könnten. Wir wollen unseren Kunden aus Europa heraus ein echtes Gegengewicht – etwa zu Didi oder Uber – bieten. Deshalb haben wir im Feld der Mobility Services die Kräfte mit einem unserer ältesten und härtesten Konkurrenten gebündelt – mit BMW. Um gemeinsam ein noch besseres Angebot für die Kunden zu schaffen.

Und das ist nur eins von vielen aktuellen Beispielen. Ähnlich sieht es bei der Zusammenarbeit mit Bosch beim autonomen Fahren oder dem Aufbau einer flächendeckenden Elektro-Infrastruktur mit Ionity aus. Und ich bin überzeugt: Das gilt für Europa als Ganzes. Wir brauchen mehr Geschlossenheit und Kooperation.

Trotzdem wünschen sich überall in Europa wieder mehr Menschen das alte Europa zurück. Einer aktuellen Bertelsmann-Studie zufolge glauben zwei Drittel der Europäer, dass die Welt früher besser war. Die Flüchtlingswelle, die immer noch schwelende Eurokrise und der Terror haben viele Menschen verunsichert. Ich kann verstehen, dass es da verlockend sein kann, auf komplexe Fragen vermeintlich einfache Antworten zu bekommen – wie sie populistische Parteien in ganz Europa mit Erfolg anbieten und mit Abschottungsparolen auf Wählerfang gehen.

Vermutlich kennen wir alle den einen oder anderen, der den »guten alten Zeiten« hinterhertrauert. Aber Fakt ist: »Früher war alles besser« ist bewiesener Blödsinn. Heute haben mehr Menschen in Europa einen Arbeitsplatz als je zuvor, die Kriminalität sinkt und – glauben Sie es oder nicht – die Arbeitsstunden pro Kopf auch. In anderen Worten: Hier und heute, das *sind* die guten alten Zeiten – und sie werden immer besser.

Jenseits aller Statistiken zeigt schon ein kurzer Blick auf unsere Wertschöpfung, wie sehr wir alle von einem geeinten Europa profitieren. Heute entsteht kaum mehr ein Produkt isoliert in einem einzigen Land. Deshalb ist es eine einfache Rechnung: Man kann eine Volkswirtschaft nicht abschotten, ohne sie dabei abzuschalten. Wer den Wählern etwas anderes verspricht, der irrt oder lügt. Beides sind schlechte Voraussetzungen für gute Politik.

Gerade die verfahrene Lage rund um den Brexit hat gezeigt: Die Mitgliedstaaten der EU sind aufs Engste miteinander verwoben. Deshalb ist der Austritt aus dieser Gruppe auch so langwierig und schmerzhaft. Ich bin weiterhin felsenfest davon überzeugt: Kleinstaaterei ist kein Erfolgsrezept für ein modernes Europa. Das Gegenteil ist der Fall. Alle großen Fragen lassen sich nur europäisch lösen – von der Finanzpolitik über den Klimaschutz bis zur Migration. Deshalb kommt den Wahlen zum Europaparlament eine so große Bedeutung zu. In Zeiten von weltweiten Handelskonflikten braucht Europa eine verlässliche Politik aus der Mitte der Gesellschaft.

Das gilt umso mehr, je stärker Nationalegoismen in den Mitgliedstaaten aufflammen. Denn während EU-Befürworter die Vorteile einer Mitgliedschaft wortreich erklären müssen, reicht es als Gegner scheinbar aus, an den Nationalstolz zu appellieren. Ich will mir nicht anmaßen, über politische Positionierungen zu urteilen. Aber eines möchte ich dennoch sagen: Der Blick in die Parteiprogramme mancher EU-Gegner offenbart ein ziemlich verqueres Bild davon, wie internationale Wirtschaft funktioniert.

Was für die Wirtschaft in Europa auf dem Spiel steht, zeigen die folgenden Fakten der europäischen Automobilindustrie: Rund sechs Millionen Fahrzeuge »Made in Europe« werden jährlich exportiert. Der Automobilsektor steht damit direkt und indirekt für mehr als 13 Millionen Arbeitsplätze in Europa. Allein in Westeuropa generiert die Automobilindustrie ein jährliches Steueraufkommen von weit mehr als 400 Milliarden Euro.

Viele große Zahlen – eine klare Botschaft: Die Autoindustrie ist nicht ganz unwichtig für Arbeit und Wohlstand in Europa. Und natürlich profitiert nicht nur diese Schlüsselbranche enorm vom vereinten Europa: vom Wegfall von Transaktions- und Kurssicherungskosten durch die gemeinsame Währung über den erleichterten und schnelleren Binnenhandel bis zu mobilen und top ausgebildeten Fachkräften.

Selbstverständlich ist die EU nicht fehlerfrei. Aber ich bin absolut davon überzeugt: Sie ist das Beste, was uns in Europa passieren konnte. Dieses Jahr feiern wir in Deutschland 70 Jahre Grundgesetz und 30 Jahre Deutsche Einheit. Ich finde, es sollte auch das Jahr sein, in dem wir in Europa wieder näher zusammenrücken. Wir haben alle nichts zu gewinnen, wenn wir in nationale Egoismen zurückfallen. Und auch Deutschland wird nicht stabiler, wenn wieder tiefere Gräben durch die Gesellschaft gezogen werden.

Noch ist nicht entschieden, wie sich Europa für die nächsten Jahre und Jahrzehnte aufstellen will. Lassen Sie uns geschlossen dafür sorgen, dass es ein offenes Europa wird.

IV.

KAMPF UM EUROPAS WERTE

#FORWARDEUROPE – EIN EUROPÄISCHER WEG IN DIE ZUKUNFT

Tina Müller

»Einen Weckruf für Europa«, vielleicht braucht es sogar ein »Aufrütteln« oder den vielzitierten »Ruck«, der durch die EU gehen muss. Es lohnt sich, aufzustehen für Europa. Wir sind alle schon zu einem erheblichen Teil Europäer, ohne dass es uns immer bewusst ist. Viele, gerade die jüngeren Menschen, haben heute eine europäische Biografie. Auch ich bin schon mit dem europäischen Gedanken aufgewachsen, war eine der Ersten, die am Erasmus-Programm teilgenommen haben. Mein französischer Abschluss ist in Deutschland anerkannt. Das Unternehmen, das ich leite, ist in 21 europäischen Staaten vertreten. Wir bewegen uns ohne Grenzkontrollen durch Europa. Das alles wäre ohne EU nicht möglich. Aber es ist schon selbstverständlich, vielleicht zu selbstverständlich. Grenzkontrollen und Wechselkurse spürt man – wenn sie wegfallen, spürt man sie nicht mehr, und der Vorteil ist schnell vergessen.

Geschwindigkeit, die überfordert

Zweifellos steht Europa unter Druck. Digitalisierung und Globalisierung stellen den gesellschaftlichen Zusammenhalt vor Herausforderungen. Die viel zitierte disruptive Entwicklung heißt im praktischen Leben, dass, wer vor 20 Jahren eine Buchhandlung eröffnet hat, nun davon vermutlich kaum mehr leben kann. Es bedeutet, dass wir bald nicht nur den Komfort selbstfahrender Autos genießen können, sondern auch, dass der Beruf des Taxi- oder LKW-Fahrers zur Disposition steht. Längst sind es nicht nur einfache Tätigkeiten, in denen die Maschine dem Menschen überlegen ist. Künstliche Intelligenz kann inzwischen juristische, finanzanalytische Aufgaben, ja sogar medizinische Diagnostik übernehmen. Das ist alles segensreich, weil es unser Leben einfacher und effizienter macht, nicht aber unbedingt unsere Lebensplanung. Disruptiv bedeutet, dass wir am Anfang unseres Berufslebens nicht wissen, ob es den Beruf an dessen Ende überhaupt noch gibt.

Unternehmen oder eine Gesellschaftsordnung lassen sich modernisieren. Mit Biografien ist das schwieriger. Die Wucht und die Geschwindigkeit, mit denen Globalisierung und Digitalisierung unser Leben verändern, können Empfindungen von Ohnmacht hervorrufen. Die Befähigung, das eigene Leben zu steuern und zu gestalten, ist aber ein unverzichtbarer Motivator. Ihr Verlust führt zu Resignation und Frust. Ohnmacht ist für viele – für zu viele – Menschen das Grundgefühl unserer Zeit. Der Rechtspopulismus mit seiner Rückbesinnung auf die Vergangenheit ist nicht zuletzt eine Reaktion darauf. Er offeriert die Überschaubarkeit eines beherrschbaren Lebenslaufes und suggeriert die Wiedererlangung traditionell nationalstaatlicher Souveränität.

»Mein Land zuerst« ist keine Option

Es gibt unübersehbar ein Bedürfnis nach Repolitisierung und Führung, nach Alternativen zur Alternativlosigkeit. Die Rechtspopulisten mobilisieren die Frustrierten, bedienen den Bedarf nach Halt und Orientierung. Die EU steht auf der anderen Seite, sie ist Teil eines kulturellen Großkonflikts geworden – Globalisierung gegen Abschottung, Gender gegen klassische Rollenbilder, multikulturelle Gesellschaft gegen ethnische Homogenität, weltoffene Eliten der Metropolen gegen abgehängte ländliche Räume und eben Europa gegen Nationalstaat. Brüssel mit seinen Richtlinien zur Bananenkrümmung und Mülltonnengröße, mit seiner zuweilen doch etwas expansiven Deutung des Subsidiaritätsprinzips, wird als Fremdbestimmung empfunden. Der Rechtspopulismus nährt dieses Gefühl. Doch die Versuche, aus dem Ressentiment Politik zu machen, sind kläglich. Purer Trotz ist kein Politikkonzept. Wenn wir über den Atlantik blicken, ist der Weg, sich aus der multilateralen Verantwortung heraus und zurück auf den Nationalstaat zu ziehen, nicht gerade vielversprechend. Das Brexit-Chaos in Großbritannien motiviert auch nicht zur Nachahmung. »Mein Land zuerst« ist keine Option. Waren- und Kommunikationsströme verlaufen längst grenzüberschreitend. Die Erhöhung der Einfuhrzölle durch Donald Trump hat den Handel über Europa schon ansteigen lassen, ein willkommenes Konjunkturprogramm für die europäische Wirtschaft. Protektionismus will das Rad der Geschichte zurückdrehen. Das hat es immer wieder gegeben. Aber nie war er dauerhaft erfolgreich. Es ist in den letzten Jahrzehnten gelungen, eines der wichtigsten humanitären Ziele zu erreichen: die Anzahl der in extremer Armut lebenden Menschen zu halbieren. Das hat keine Entwicklungspolitik geschafft. Kein Budget der Welt hätte dafür ausgereicht. Es ist der Handel zwischen den Entwicklungs- und den Industrieländern gewesen, der das ermöglicht hat.

Europäische Union zwischen Gestaltungsinstrument und Ohnmachtsgefühl

Es wird nicht der Nationalstaat sein, der die Alternativlosigkeit überwindet. Und auch nicht der Feldzug gegen den Liberalismus. Wir brauchen die supranationale Kooperation dringend, weil die großen Herausforderungen der Gegenwart nicht an Grenzen haltmachen. Die Europäische Union ist unser Gestaltungsinstrument, unser Hebel und unser Machtmittel in einer globalisierten Welt. Von zu vielen wird sie aber derzeit als zusätzlicher Faktor der Fremdbestimmung, des Verlustes an Souveränität empfunden. Das hat sie zum Sündenbock werden lassen, zur willkommenen Projektionsfläche der Abgrenzung und Stärkung nationaler Identitäten. Aus diesem Konflikt muss Europa raus. Das ist nicht einfach, aber es lohnt jede Mühe. Am Beispiel des Brexit manifestiert sich, dass nichts weniger als der Zusammenhalt der EU daran hängt.

Raus aus der Sackgasse

Nach der zweifellos emotionalen – um nicht zu sagen irrationalen – Entscheidung der Briten, die EU zu verlassen, ist der Brexit nun das Exempel, an dem die Folgen der populistischen Europhobie statuiert werden. Der Brexit soll wehtun. An ihm lässt sich demonstrieren, was wir an Europa haben, spürbar machen, was allzu selbstverständlich geworden ist. Diese Haltung der EU-Verhandler ist nachvollziehbar. Aber ist sie auch richtig? Der Ausgang des Votums war denkbar knapp. Bislang sind alle Versuche, es umzusetzen, ohne erforderliche parlamentarische Unterstützung geblieben. Die Situation ist festgefahren. Bei allem Respekt vor dem Ergebnis einer demokratischen Abstimmung – die EU sollte Großbritannien darin unterstützen, auch umkehren zu können, statt ständig weiter gegen die Wand zu laufen. In der Eurokrise hat die EU mit dem überschuldeten Griechenland auch Langmut bewiesen. Wir sollten nichts unversucht lassen, auch Großbritannien zu halten. Oder zumindest einen pragmatischen Brexit unterstützen, statt ausschließlich auf den Lerneffekt eines schmerzhaften Austritts aus der EU zu setzen.

Europa muss unmittelbar erlebbar sein

Die Spannungslinien in der Gesellschaft verlaufen zwischen Modernisierungsgewinnern und Verlierern von Globalisierung und Digitalisierung, zwischen Fortschrittsoptimisten und -skeptikern. Die EU wird in diesem Konflikt ganz klar auf der Seite der Gewinner verortet. Es gibt ein europäisches Wir-Gefühl. Es ist tendenziell städtisch, gebildet und verdient gut. Dieses Wir-Gefühl muss aber auch die anderen erreichen. Europa ist nicht einfach ein Lieblingsprojekt der Eliten, beweihräuchert in staatstragenden Reden, immer wieder beschworen als Jahrhundertprojekt und Friedensgarant. Selbstreferenzielles Pathos genügt nicht. Die EU muss als Chance und Schutzinstanz erlebbar sein, im Miteinander mit den Nationalstaaten und ihren spezifischen Identitäten.

WIR BRAUCHEN MEHR LEITFIGUREN IN EUROPA

Reinhold Würth

Diese Sammlung von Beiträgen mit dem Titel »Weckruf für Europa« erscheint fast beliebig: Das Thema hätte man schon über den Wiener Kongress von 1814/1815 setzen können. Dort wurde mit vielfältigem politischem Geschachere, mit Intrigen und Einzelverträgen versucht, das finale Ziel der Veranstaltung durchzusetzen, nämlich in Europa endlosen Frieden zu schaffen. Das damalige Koalieren und Panaschieren zwischen den Großmächten verhinderte gleichwohl letztlich nicht zwei Weltkriege mit Schwerpunkten in Europa mit über 60 Millionen Kriegstoten.

Mit Ende des Kalten Krieges 1989 war schnell die Hoffnung geboren, dass es nun Kriege in Europa nie wieder gibt. Mit der Gründung der Europäischen Wirtschaftsgemeinschaft 1952 und mit der Weiterentwicklung zur Europäischen Union 1992 als Staatenverbund mit (noch) 28 Mitgliedern erschien eine absolute Friedenssicherheit für kommende Generationen in Europa gewährleistet.

Heute, 2019, beobachten wir in vielen Ländern Europas und darüber hinaus das Wiederaufleben nationalistischer Tendenzen, wirtschaftlicher Protektionismus wird ausprobiert – siehe Handelsstreit China–USA. Selbst die Mitglieder der Europäischen Union, die während des Kalten Krieges durch die Bedrohung aus dem Osten zusammengeführt und zusammengehalten wurden, verspüren, getrieben durch zwei ähnliche Entwicklungen, genau das Gegenteil eines Weckrufs für Europa: Die Generation der Erfahrenen aus dem Zweiten Weltkrieg ist inzwischen gestorben, den heutigen Bürgern der Europäischen Union geht es so gut wie nie zuvor, und die Erfahrung, was Krieg und Notstand eigentlich bedeuten, ist weitgehend verloren.

Dies führt nun zum Aufkeimen des alten nationalistischen Wildwuchses nach dem Motto »Wir wollen unser Land zurück«, die Personenfreizügigkeit nimmt uns die Identität, vielleicht sogar die Religion, und zuletzt noch die Sprache. Lasst uns zurückkehren und die EU verlassen oder mindestens die Europäische Union zu einem eher unverbindlichen Wirtschaftsclub, der sich vor allem um den Freihandel kümmert, zurückstufen. So die unsinnige Forderung der EU-Gegner auch in Deutschland: Begreifen diese Kantonisten nicht, dass wir Europäer geostrategisch eingezwängt sind zwischen den Machtblöcken USA, China und Russland und dass wir, wenn wir nicht eng zusammenhalten, in 20 Jahren nur noch tributpflichtige Vasallen dieser drei Machtblöcke sein werden?

Das größte Problem der Weiterentwicklung der Europäischen Union lässt sich in einem Kernthema artikulieren. Das Hauptproblem der Europäischen Union sind die derzeit so stark zunehmenden Partikularismen: Nationalisten, Separatisten, vor allem von rechts, wie Marine Le Pen, Geert Wilders, die Lega Nord und die Fünf-Sterne-Bewegung in Italien (Movimento 5 Stelle), genauso wie die AfD in Deutschland versuchen die Grundideale der Europäischen Union auszuhebeln, mindestens aber zu einer eher beliebigen Freihandelsvereinigung zu degradieren oder am besten ganz zu zerstören. Dabei ist die Europäische Union hocherfolgreich: Die Arbeitslosigkeit geht genauso wie auch die Jugendarbeitslosigkeit zurück, das Bruttosozialprodukt steigt, das Europarecht macht gute Fortschritte – woher kommt die Diskrepanz?

Hier haben wir das Hauptproblem: Die Europäische Union mit all ihren Institutionen, vom Parlament bis hin zum Kommissionspräsidenten, hat mit guter Geschwindigkeit europäische Fakten geschaffen, ohne die Bevölkerung der 28 Mitgliedstaaten in ausreichendem Maß mitzunehmen, zu informieren und zu begeistern.

Die Verunsicherung der Bevölkerung entsteht durch mangelnde Information zur europäischen Einigung und vornehme Zurückhaltung der Pro-Europa-Bewegungen gegenüber den plakativ-banalen, eingängigen Anti-Europa-Parolen der Separatisten.

Hier liegt der Hauptschlüssel zum Weckruf für Europa: Die Europäische Union müsste auch viel Geld in die Hand nehmen, um mit soliden, professionellen Werbekampagnen die Bürger über ihre so positiven Seiten aufzuklären. In den Lehrplänen aller Schulen in der Europäischen Union müsste im Geschichts- und Gemeinschaftskundeunterricht der Vorgeschichte, der Basis der Entwicklung und vor allem der Zukunft der Europäischen Gemeinschaft viel mehr Raum zugestanden werden.

Zudem müsste durch die Europaabgeordneten, durch Präsenz vor Ort in den Schulen, in Informationsveranstaltungen, Bürgerfragestunden, in Kleinanzeigen usw., permanent der Gedanke »Europa« positiv belegt werden. Wichtig wäre, dass die Bürger auf dem Weg zum vereinigten Europa mitgenommen werden.

Als dritte Komponente eines *Weckrufs für Europa* wäre es notwendig, mehr Personen als Leitfiguren europaweit bekannt zu machen.

Ein positives Beispiel ist der Präsident der Französischen Republik, Emmanuel Macron, der trotz seiner innenpolitischen Schwierigkeiten als glühender Verfechter der Europäischen Union vor allem als Leitbild für die Jugend taugt.

Emmanuel Macron könnte als Nachfolger von Jean-Claude Juncker der Europäischen Union *das* Gesicht geben, ganz im Gegensatz zu dem farblosen Kandidaten Manfred Weber (CSU), der die abgehobene Beamtenmentalität der europäischen Administration nur verstärken würde.

BRIEF AN EINEN EUROPASKEPTIKER

Johannes Teyssen

Lieber Europaskeptiker,

lassen Sie uns über Europa sprechen! Sie winken ab? Sie sind gar nicht gegen Europa, nur europamüde? Das überrascht mich nicht. Sie bedauern, leider eine höchst reizbare Allergie gegen pathetische Sonntagsreden und wohlfeile Belehrungen entwickelt zu haben? Das habe ich auch. Sie wollen nichts mehr hören über Quoten, Verbote und Grenzwerte? Ich kann Sie verstehen. Sie haben es aufgegeben, dem Rosenkrieg zwischen der EU und Großbritannien in jedem Winkelzug zu folgen? Wer nicht.

Und dennoch: Wir müssen über Europa reden! Denn, ob wir wollen oder nicht, Europa ist und bleibt unsere einzige Chance, uns in der ungemütlichen Welt des 21. Jahrhunderts zu behaupten. Bei allem verständlichen Wunsch nach der kleinen, überschaubaren und sicheren Heimat, die Wahrheit ist: Das allein trägt uns nicht in eine gute Zukunft. Wir müssen über Europa reden, denn Europas Zukunft ist unsicherer, als viele glauben. Mit Großbritannien bricht ein starker Pfeiler der Gemeinschaft weg. Das ist gemessen an der Wirtschaftskraft so, als würden die 19 wirtschaftlich kleinsten Länder in der Union alle auf einmal gehen. Ein tiefer und schmerzhafter Einschnitt.

Aber nicht nur im Vereinigten Königreich, auch in anderen Mitgliedsländern gewinnen Europaverächter an Boden. Es ist aber nicht das größte Problem Europas, dass es so viel Europagegner gibt. Das größte Problem Europas ist vielmehr, dass es so wenig

Europafreunde gibt, die das auch laut sagen und danach handeln. Weil sie wissen, wie sehr wir die EU heute brauchen und in Zukunft noch mehr brauchen werden, um so zu leben, wie wir es als Europäer für selbstverständlich halten – in Frieden und Wohlstand.

Schauen wir einmal nicht, wie so oft in letzter Zeit, nach Westen, über den Kanal, sondern nach Osten, über die alte Systemgrenze hinweg nach Osteuropa. Denn dort sehen wir, zu welchen großartigen Leistungen wir in Europa auch heute noch imstande sind. Mit den beiden Wellen der Osterweiterung der EU 2004 und 2007 sind die Länder Ost- und Mitteleuropas dort wieder angekommen, wo sie immer waren und hingehören: in der Mitte Europas. Eine Befreiung aus Diktatur und externer Abhängigkeit, mit der eine Erfolgsgeschichte begann, die das Leben der Menschen dort verbessert und auch ganz Europa bereichert hat. Die Wirtschaft wächst im Osten anhaltend stärker als im Westen. Der Aufschwung kommt zunehmend auch bei den Menschen an. Zwar sind die Löhne noch niedriger als im Westen, steigen aber überall in der Region stark. Zugleich ist die Arbeitslosigkeit deutlich gesunken. Die Arbeitslosenquoten in Tschechien, Polen oder Ungarn gehören mittlerweile zu den niedrigsten in Europa. Inzwischen macht sich Fachkräftemangel bemerkbar. Was für eine Leistung dieser Länder mitten in Europa!

Wir bei E.ON sind stolz darauf, Teil dieser Erfolgsgeschichte zu sein. Die Wurzeln unserer Aktivitäten in Rumänien, der Slowakei, Tschechien und Ungarn reichen bis weit in das letzte Jahrhundert. In diesen Ländern versorgen wir 7,8 Millionen Kunden mit Energie. Mit der geplanten Übernahme von innogy werden wir im Sinne unserer Kunden unsere Aktivitäten in Osteuropa deutlich verstärken und auf weitere Länder der Region ausweiten. Den beeindruckenden Weg dieser Länder zu Demokratie, wirtschaftlichem Aufschwung und einem wiedergewonnenen europäischen Selbstverständnis haben wir aus der Nähe begleitet und nach Kräften unterstützt. Aus eigenem Erleben kennen wir die Erfolge auf diesem Weg wie auch die inneren Spannungen, die dabei fast unvermeidlich auftreten. Bei mir ist aus vielen Begegnungen in Osteuropa eine große persönliche Sympathie für diese Region und ihre großzügigen, pragmatischen und auf ihre eigenen Leistungen zu Recht stolzen Menschen entstanden. Die europäische Idee lebt, und sie verdient es, dass wir uns überall in Europa dafür einsetzen.

Im Westen Europas werden manche der osteuropäischen Mitglieder der EU als äußerst selbstbewusst oder, weniger diplomatisch gesagt, als sperrig wahrgenommen. Diskurslinien über Migration, Rechtstaatsverständnis oder über das Verhältnis zu Russland laufen nicht selten in Ost-West-Richtung. So entsteht für manche ein Bild Osteuropas aus Verschlossenheit, Nationalismus und Illiberalität. Diese Sichtweise ignoriert nicht nur die erheblichen Unterschiede zwischen den einzelnen Ländern der Region, sondern auch die gewaltige Leistung der Menschen dort. Sie haben allen Grund, stolz zu sein auf die demokratischen Gemeinwesen, die sie nach langer Unterdrückung aufgebaut haben. Und alles Recht, auf dem Boden der europäischen Wertegemeinschaft ihren eigenen Weg zu gehen. Wer will den Menschen in Osteuropa angesichts ihrer geschichtlichen Erfahrungen ernsthaft verdenken, dass sie auf Bevormundungsversuche sensibel reagieren? Man muss nicht jede politische Entwicklung in Osteuropa verteidigen, um einen respektvollen Umgang mit dieser Kernregion Europas zu erwarten. Der alte Westen Europas täte gut daran, sich tatsächlich Mühe zu geben, die östlichen Nachbarn und ihre spezifische, historisch geprägte Situation besser verstehen und respektieren zu lernen.

Und schließlich: Was die Europäer im Osten beschäftigt, bewegt auch die Europäer im Westen. Viele fragen sich: Wie können wir ein weltoffenes Europa sein und zugleich die vielfältigen Eigenheiten unserer Länder erhalten? Wenn dabei aus patriotischer

Heimatliebe rigider Nationalismus wird, so ist das keine Spezialität einiger osteuropäischer Länder. Der bulgarische Politikwissenschaftler Ivan Krastev schreibt: »Die Spaltung zwischen dem Westen und dem Osten Europas in den Einstellungen zu Diversität und Migration hat große Ähnlichkeit mit der Spaltung zwischen den kosmopolitischen Großstädten und ländlichen Gegenden innerhalb der westlichen Gesellschaften.« (Europadämmerung 2017). Ein hochmütiger Blick von West nach Ost verbietet sich also. Die Gelbwesten marschieren nicht in Prag oder Bukarest. Der Brexit findet nicht in Polen oder Ungarn statt. In *ganz* Europa hat sich ein Gefühl der Entwurzelung und Verunsicherung ausgebreitet, das die Gemeinschaft spaltet, ja, sie zu zerreißen droht. Europa als Elitenprojekt funktioniert nicht!

Was ich in den osteuropäischen Ländern, bei Begegnungen mit den Menschen dort immer wieder erlebe, ist ein lebendig gebliebenes Gefühl für die Vielfalt kulturellen Herkommens. Für die Rolle und die Chancen von Diversität. Dass man manches, aber nicht alles vereinheitlichen muss. Das ist ein ureuropäischer Gedanke. Vielfalt ist eine Stärke Europas – gerade heute. Denn die Welt ist wieder in eine Phase eingetreten, in der Technologie die künftige globale Verteilung von Prosperität und die relative Wettbewerbsfähigkeit der Weltregionen entscheidend bestimmt. Ähnlich dem Industrialisierungswettlauf im 19. Jahrhundert. Aber diesmal hängt Europa zurück. Wir müssen aufholen. Dabei wäre es naiv zu glauben, Silicon Valley könne einfach kopiert werden – es ist zu einer bestimmten Zeit unter ganz spezifischen Bedingungen entstanden, die nicht reproduziert werden können. Die Grundbedingungen für eine entfesselte Innovationsdynamik kann aber nicht nur Silicon Valley bieten: Innovationen entstehen dort, wo sich Menschen mit den unterschiedlichsten persönlichen, kulturellen und professionellen Hintergründen frei und offen austauschen können. Das können wir in Europa – und vielleicht sogar besser als andere. Produktive Diversität ist eine traditionelle Stärke Europas, die allerdings etwas aus dem Blick geraten ist. Bereits 1997 sagte der frühere Bundesverfassungsrichter Ernst-Wolfgang Böckenförde, Europa sei dabei, »die Eigenheit der Völker ökonomisch zu verdampfen«.

Natürlich gibt es wichtige Bereiche, wo wir in Europa einheitliche Rahmenbedingungen brauchen, in der Energie etwa, im Klimaschutz oder der Telekommunikation. Natürlich sind der europäische Binnenmarkt und eine gemeinsame Währung große Vorteile für Bürger und Unternehmen. Darin *allein* kann aber eine gute Zukunft Europas nicht liegen. Große Teile der Bürger wollen eine Einigung Europas allein aus ökonomischen Gründen oder Sachzwängen ohnehin nicht mitgehen. Nötig ist deshalb eine Rückbesinnung auf die Vielfalt Europas. Wenn wir nicht wie die USA und schon gar nicht wie China werden können und es schon gar nicht wollen, dann sollten wir wieder europäischer werden. Und das heißt: Vielfalt zulassen und deren Produktivität nutzen. Auf dem Boden seiner gemeinsamen Werte braucht Europa mehr Subsidiarität in den Entscheidungsprozessen, mehr Raum für die Vielfalt regionaler und kultureller Identitäten, mehr attraktive Lebenschancen gerade in ländlichen Gebieten. Europa muss wieder Schutzraum – nicht Bedrohung – für das Recht seiner Bürger sein, so zu leben, wie sie es wollen.

Lieber Europaskeptiker,

lassen Sie uns also über Europa sprechen! Über das Europa, das Sie, den Skeptiker, braucht: Ihre kritisch-konstruktive Haltung, Ihr Engagement und Ihre Stimme bei der Europawahl! Gerade in einer Zeit, in der – mit Bertrand Russell gesagt – »die Narren so selbstsicher sind und die Gescheiten so voller Zweifel«.

EUROPA BRAUCHT WENIGER ALLEINGÄNGE DEUTSCHLANDS

Jürgen Großmann

Das europäische Jahrtausend ist seit einhundert Jahren Geschichte – und das sich daran anschließende amerikanische wohl auch. Längst schickt sich China an, den Platz der USA einzunehmen, Europa befindet sich auf einem langen Bremsweg hin zum endgültigen Stillstand. Hegelianische Träume, wonach der Weltgeist – wenn schon nicht in Deutschland, so doch in Europa – sich endgültig niedergelassen hat, sind ausgeträumt.

Das Ende der Arabellion hat wohl auch den letzten Optimisten Besseres gelehrt: Die Demokratie nach westlichem Vorbild breitet sich mitnichten wie von selbst über den ganzen Erdball aus. Einst war sie die schöne Schwester des Kapitalismus, erfolgreich nicht dank höherer Moral, sondern größerer Effizienz. *Demokratie* ist der Markt der politischen Ideen, während der Markt der demokratische Wettbewerb unter den Produkten und Dienstleistungen ist. Das war einmal: Der Markt als Kundenseismograf hat ausgedient, wenn man alle Daten schon besitzt. Demokratische Willensbildung ist letztlich nur hinderlich, um die schon als richtig erkannte Produktstrategie auch durchzusetzen, so der katalanische Wirtschaftswissenschaftler Xavier Sala i Martín auf dem diesjährigen Weltwirtschaftsforum 2019 in Davos.

China zeigt uns, dass man nicht unbedingt die bürgerlichen Freiheiten braucht, um zu gedeihen. Der Staatskapitalismus baut eine Magnetschwebebahn, während im Land ihrer Erfinder die Bauvoranfrage ruht. Die autokratische Türkei weiht den größten Flughafen im eurasischen Raum ein, gleichzeitig parken in der Planungsruine BER die aus dem Verkauf gemobbten Diesel-PKW. Wen wundert's, dass Europa nicht mehr sexy ist, sondern jetzt wohl wirklich »die Alte Welt« – nur dass der Begriff nichts mehr hat vom früheren Stolz.

Was bleibt vom europäischen Jahrtausend? Hose, Jacket, Hemd und (manchmal noch) Krawatte, die haben fast überall auf der Welt die einheimische Kleidung verdrängt; Parlamentarismus, Gewaltenteilung und die Freiheit des Individuums sind hingegen keine Exportschlager mehr.

Außerhalb Europas scheint all das, was uns wertvoll ist, kaum noch Strahlkraft zu besitzen, und dies fängt an, auf Europa zurückzufallen. Wir sind nicht mehr das große Vorbild für andere Staaten und Gesellschaften, und schon fangen wir an, auch selbst an uns zu zweifeln.

Der Brexit hat uns vieles gelehrt, nicht zuletzt den Vorteil der repräsentativen Demokratie gegenüber dem Plebiszit. Aber auch, wie leicht eine Bevölkerung bereit ist, ein gemeinsames Europa in die Tonne zu treten, zugunsten nebulöser Versprechungen über die Rückkehr zu einstiger Glorie.

Wenn man so will, kam der Brexit zur rechten Zeit, um uns zu zeigen, wie dünn die Humusschicht ist, auf der die europäische Pflanze gedeiht.

Um Europa effektiver zu machen, gibt es unzählige konkrete Projekte, die schon längst hätten umgesetzt werden müssen: von der gemeinsamen Steuerpolitik, einer gesamteuropäischen Militärstrategie bis hin zur bis dato aussichtslos erscheinenden gemeinsamen Migrationspolitik. All das aufzuzählen, was konkret getan werden muss, damit Europa auch in Zukunft ein halbwegs ernst zu nehmender Partner in der Welt bleibt, füllte Bände, aber …

Und hier kommt ein sehr, sehr großes ABER, es nützte nichts, selbst wenn all diese Vorhaben gelängen: Denn es sind letztlich die

Menschen, die in diesem Europa leben, welche darüber entscheiden, was aus uns wird. Und so absurd es auch ist, der Brexit ist kein Beweis für das Scheitern Europas, sondern für seine Großartigkeit. Wo sonst wohl würde eine Regierung wider alle Vernunft und eigene Einsicht den Willen der Mehrheit des Volkes umsetzen, nur weil es der Wille des Volkes ist? So wie der Mensch das einzige Tier ist, das seinem Leben selbstbestimmt ein Ende setzen kann, so ist die Demokratie die einzige Regierungsform, die aus sich heraus sehenden Auges in ihr Elend rennen kann. Das ist im Ergebnis oft bedauerlich, von dem zugrunde liegenden Gedanken jedoch eine der großartigsten Errungenschaften des menschlichen Zusammenlebens und ... unser gemeinsames europäisches Erbe, auf das wir stolz sein dürfen.

Wenn die Europäer es aber nicht schaffen, die Bürger dafür wieder zu begeistern, dann hülfe es auch nicht, wenn Siemens und Alstom ihre Zugsparten zusammenlegen dürften. Alles ist vergebens, wenn in Polen, das wie kaum ein anderes Land Osteuropas wirtschaftlich von der EU profitiert, die Wähler europafeindliche Parteien wählen; das Gleiche gilt für Ungarn, Frankreich, und sogar für Deutschland, wenn auch noch nicht in dem Maße. Jeder Euro zur Rettung der maroden italienischen Staatsfinanzen ist herausgeworfenes Geld, wenn die italienischen Wähler einen Haufen Irre in die Regierung hieven. Man möchte sich dem alten Vorurteil anschließen, dass der Mensch nichts so sehr hasst wie die Hand, die ihn füttert.

In einer kürzlich veröffentlichten Studie zur Europaverdrossenheit hat Andrés Rodríguez-Pose von der London School of Economics eine Europakarte der Unzufriedenheit gezeichnet.[1] Diese

---

1 The Revenge of the Places that Don't Matter, in: Cambridge Journal of Regions, Economy and Society, Vol. 11,1 (2018), p. 189–209.

entsteht nicht in den ärmsten Ecken Europas, sondern in den deindustrialisierten Regionen, deren Einwohner vergangener Größe und Bedeutung nachtrauern. Dieses Gefühl wird auch nicht durch soziale Wohltaten gelindert: An der Urne rächen sich die »Stehengelassenen« der globalen Produktionsverschiebung. Wer früher bei Nokia Handys zusammengebaut hat, muss heute als Kurierfahrer die Smartphones von Samsung ausliefern – da macht die Psyche nicht mit. Wenn sogar ganze Regionen deindustrialisiert werden wie Südostsachsen, dann fehlt nur noch die bedingungslose Grundsicherung – als endgültige Abwrackprämie gesellschaftlicher Teilhabe.

Gelingt es uns nicht, dort durch wirtschaftliche Revitalisierung die Stimmen der Bürger zu gewinnen, nützt die Macron'sche Transferunion auch nichts mehr.

It's the economy, stupid! Schon, doch »monokausal« hat selten recht. Auch das Bewusstsein, in einem gemeinsamen Europa zu leben, ist rückläufig. Die Europäer haben sich untereinander entfremdet, man trifft sich nicht mehr. Vorbei die Zeiten, da noch deutsche Schützenvereine in die französische Partnerstadt reisten, da Schüler ein Jahr in einem anderen europäischen Land verbrachten, statt durch Australien zu trampen. Es sind diese scheinbaren Nebensächlichkeiten, die uns zeigen, dass Europa nicht mehr an erster Stelle steht. Bei Youtube gibt es ein Video, in dem 10 000 Japaner Beethovens »Ode an die Freude singen« – auf Deutsch! (*Es klingt vielleicht seltsam, aber auch deshalb ist das Freihandelsabkommen EPA so geräuschlos zustande gekommen.*) Warum kann man es sich nicht mal vorstellen, dass auch nur 1000 Briten oder 100 Griechen die Europahymne auf Deutsch singen oder Deutsche auf Rumänisch, wenn das Land den Ratsvorsitz der EU hat. Es gibt einen Europatag, den 9. Mai, er ist jedoch nur im Kosovo und ab 2019 in Luxemburg gesetzlicher Feiertag. In Deutschland führten im Jahr 2018 die norddeutschen Länder den Reformationstag als gesetzlichen Feiertag ein, und das Land Berlin – wer sonst keine Sorgen hat – den alten sozialistischen Frauentag. Nationale Engstirnigkeit, wohin man blickt.

Wir waren schon mal weiter. Die Einführung der gemeinsamen Währung und das Schengen-Abkommen haben 350 Millionen Einwohnern der Eurozone den Fortschritt im Einigungsprozess direkt vor Augen geführt. Seitdem fehlt ein entsprechend großes Gemeinschaftsprojekt, das den europäischen Gedanken in den Alltag der Bürger implementiert.

Stattdessen übt sich der selbsternannte Musterschüler Deutschland in Alleingängen: Ausstieg aus der Atomenergie, nun auch aus der Kohle, demnächst aus dem Verbrennungsmotor – alles im Bewusstsein des moralisch-ökologisch höherstehenden Bescheidwissertums. Ungeachtet dessen, ob diese Entscheidungen richtig waren, so sind sie doch in zweierlei Hinsicht falsch bis kurzsichtig.

Falsch sind sie vor allem, weil man keinen der anderen Partner in diese einsamen Beschlüsse miteinbezogen hat. Vieles, was in Osteuropa und im Süden an europäischen Ressentiments entstand, ist im Grunde Widerstand gegen die deutsche Überheblichkeit. Das Gute daran: Wir können es selbst ändern. Statt im Angesicht des ruhenden Windrades den bösen Atomstrom aus Frankreich zu importieren und aussortierten Euro-V-Diesel in Polen zu entsorgen, wäre eine europäische Abstimmung über eine gemeinsame Energie- und Klimapolitik geboten.

Kurzsichtig an den deutschen Alleingängen war und ist die simple Tatsache, dass man volkswirtschaftliche Großinvestitionen nicht beliebig oft tätigen kann. Lieber hunderttausend funktionierende Taschenlampen als zehn staatlich geförderte Leuchttürme! Die immensen finanziellen Mittel, die eine Energiewende erfordert, vom Netzausbau bis zur Speicherung, kann man – so viel ist sicher –, woanders nicht mehr ausgeben. Und dieses nicht besonders exotische Land »Woanders« liegt direkt vor unserer Haustür: kaputte

Straßen und Brücken, marode öffentliche Gebäude, kollabierende Eisenbahn, Großprojekte, für deren Fertigstellung ein Menschenleben nicht reicht. Und das sind jetzt nur die guten alten analogen Aufgaben, die darauf warten, gelöst und bezahlt zu werden. Wer hört noch einem Politiker zu, der zum x-ten Mal von Digitalisierung schwafelt, wenn er selber täglich über einen Flickenteppich aus Funklöchern zur Arbeit fährt und vor seinem Haus seit Monaten die losen Enden der Glasfaserkabel traurig aus den Erdlöchern lugen. Will sagen: Deutschland hat allen Grund, auf der europäischen Bühne kleine Brötchen zu backen. Statt sich in Selbstgefälligkeit als der einzige Anwalt des menschlichen Abendlandes zu suhlen, könnte man ja mal fragen, wie Estland es schafft, seine Bevölkerung mit schnellem Internet zu versorgen, bevor Huawei den Deutschen zeigt, wo China den Most holt.

Und da sind wir wieder am Anfang unserer Geschichte. Europa, dieser Wurmfortsatz am westlichen Rand Asiens, ist ein ungeheuer reiches Land an Kultur, Wohlstand und gemeinsamer Geschichte. Das Leidliche am Reichtum ist, dass es zumeist schwerer ist, ihn zu sichern, als ihn zu erwerben. Und genau dort steht Europa heute. Der Status quo an gesellschaftlichen, wirtschaftlichen und vor allem demokratischen Errungenschaften ist fragil. Das Nachkriegseuropa ist ein weltgeschichtliches Wunder, für das man danken sollte, in Demut vor dem Erreichten! Am besten, indem man eigene Freiheiten auf eine gesunde wirtschaftliche Basis stellt, sonst drohen sie mit dieser zu verschwinden, bevor der 30-millionste Rentner 63-jährig den Uraltrechner mit toter Software ein allerletztes Mal zuklappt.

Dafür kann auch die deutsche Politik eine Menge tun:

- weniger Alleingänge Deutschlands gegenüber seinen europäischen Nachbarn, wenn es um weit in die Zukunft hineinreichende Entscheidungen geht

- europaeinheitliche Bedingungen für Unternehmen hinsichtlich Besteuerung, Subvention, Ansiedelungspolitik
- gezielte Zuwanderungspolitik auch nach wirtschaftlichen Interessen
- Förderung von Studenten in MINT-Fächern
- Nutzung der Bildungsressourcen einkommensschwacher Schichten
- die Koppelung des Renteneintrittsalters an die Lebenserwartung.

Vielleicht schaffen wir es dann sogar, den innerdeutschen »Wertegraben« zuzuschütten. (80 Prozent der Westdeutschen halten die Demokratie für die beste aller Regierungsformen, jedoch nur 50 Prozent der Ostdeutschen.)

Wir haben allen Grund, in Europa kleine Brötchen zu backen, fangen wir also zügig damit an.

DIE EUROPÄISCHEN WERTE SIND EIN GÜTESIEGEL

Antti Herlin

Die Europäische Union wurde einst auf dem festen Glauben einer vom Weltkrieg gezeichneten Generation gebaut, dass Zusammenarbeit und Einheit Feindseligkeiten und weitere militärische Zerstörung in Europa verhindern können. Ein zweiter Eckpfeiler des europäischen Projekts ist die Überzeugung, dass Europa nur gemeinsam stark sein kann. Stark, um im globalen wirtschaftlichen Wettbewerb bestehen zu können und um besser gerüstet zu sein, die Lebensgrundlagen der Erde zu schützen.

Ein geeintes Europa hat es einer Generation von Europäern ermöglicht, ohne große Kriege zu leben und lange Zeiten wirtschaftlichen Wachstums, höheren sozialen Wohlstands und relativer politischer Stabilität zu genießen. Die europäische Integration hat die Märkte der einzelnen Mitgliedstaaten geöffnet – aber unter Beachtung sozialer Standards und Umweltschutzprinzipien. Unternehmen aus kleineren Mitgliedstaaten hat die EU den Weg in die Weltmärkte geebnet, indem sie Rahmenbedingungen für Handel und Investitionen geschaffen hat. Die europäischen Werte sind dabei auch ein Gütesiegel: Wer in Europa produziert, legt hohen Wert auf die Sicherheit von Arbeitern und Verbrauchern sowie auf Menschenrechte, Demokratie und Rechtsstaatlichkeit. Weltweit wird die EU als Beispiel für Zusammenarbeit, wirtschaftliche Stärke und soziale Stabilität bewundert.

Die Möglichkeiten, die das europäische Projekt bietet, finden sich auch in der Geschichte von KONE – dem Unternehmen, das ich vertrete. Mitte der 1960er Jahre erkannten weitsichtige Unternehmensführer, dass nationale Grenzen und Beschränkungen für Waren und Dienstleistungen im europäischen Handel an Bedeutung verlieren würden. KONE begann eine entschlossene Internationalisierung, die sich von Skandinavien aus in ganz Europa ausbreitete. Die starke europäische Basis ermöglichte uns, auch in Nordamerika und Asien erfolgreich zu bestehen. Heute ist KONE Marktführer in China – eine seltene Auszeichnung für ein europäisches Unternehmen.

Wir haben jahrzehntelang gelernt, Kunden in verschiedenen Märkten auf der ganzen Welt zu bedienen. Eine Rückkehr zu nationalen Grenzen in Europa hätte katastrophale Auswirkungen für unsere Betriebsabläufe, sei es in den Bereichen Logistik, Personal oder Technologie. Die Möglichkeit für unsere Beschäftigten, sich frei innerhalb der EU zu bewegen, hat nicht nur zu unserem Wachstum beigetragen, sondern auch zu unserer Effektivität als Dienstleister. Außerdem können wir so Kunden in unterschiedlichen Märkten die besten und zuverlässigsten Lösungen für ihre Bedürfnisse bereitstellen.

Auch unsere Kinder verlassen immer häufiger ihr Heimatland – etwa zum Studieren, zum Lernen von Sprachen oder einfach nur, um unterschiedliche Kulturen kennenzulernen. So stolz, wie viele von ihnen auf ihre Herkunft sind: ihre Weltsicht ist meist eher international als national. Viele von ihnen sind genauso wie ich besorgt über die jüngsten Entwicklungen in der Welt und insbesondere in Europa.

Im vergangenen Jahrzehnt ist eine nationalistische Protestwelle über Europa hinweggerollt. In fast allen europäischen Ländern entstanden populistische Bewegungen, die sich gegen einen angeblichen Souveränitätsverlust richten, gegen die Verschiebung von Entscheidungsbefugnissen an die Europäische Union. Diese Entwicklung hat zum Brexit geführt und zur Wahl von EU-skeptischen Regierungen in mehreren ost- und südeuropäischen Ländern.

Einen Teil der Verantwortung dafür trägt die EU selbst. Die Erweiterung verlief übereilt, ohne dass alle neuen Mitgliedstaaten sich dem europäischen Projekt voll verpflichtet fühlten. Weitere Versäumnisse hängen mit mangelnder Transparenz zusammen. Dazu kommt, dass die gemeinsame Währung in einigen Eurostaaten für wirtschaftliche Probleme verantwortlich gemacht wird, weil die Wettbewerbsfähigkeit nicht mehr einfach mit einer Abwertung der Währung verbessert werden kann.

Schließlich lässt sich die EU gerade in kleineren Ländern leicht als Elitenprojekt darstellen, das von zwei mächtigen Ländern dominiert wird – selbst wenn die Entscheidungen in Brüssel mit Zustimmung aller getroffen werden. All das ließ viele einstige Anhänger eines geeinten Europas zweifeln oder machte sie gar zu Befürwortern eines Austritts aus der EU.

Wir wissen heute, was ein auf Kooperation und gemeinsamen Institutionen basierendes Europa bedeutet. Aber wir können nur vermuten, was eine Rückkehr zu einander misstrauenden Nationalstaaten mit Europa machen würde. Was, wenn die wachsende nationalistische Stimmung zu einem Krieg führen würde, ohne dass die EU vermitteln oder eingreifen könnte? Wer übernähme dann die Verantwortung? Die Verteidiger eines friedlichen und wohlhabenden Europas müssen Stellung beziehen und mit Nachdruck erklären, warum wir diese Gemeinschaft mehr denn je brauchen. Größere Kriege gehören seit einem Dreivierteljahrhundert der Vergangenheit an. Doch die Ereignisse auf dem Balkan in den 1990er Jahren oder der Konflikt zwischen Russland und der Ukraine zeigen, wie leicht das Militär als Mittel der Auseinandersetzung zurückkehren kann.

Neben der Friedenssicherung brauchen wir die EU auch in anderen Bereichen. Europa muss eine Pionierrolle im Kampf gegen den Klimawandel einnehmen. Es geht darüber hinaus darum, dass europäische Unternehmen bei Digitalisierung, Robotik und Künstlicher Intelligenz im globalen wirtschaftlichen Wettbewerb mitspielen können. Es geht darum, eine sich wandelnde Arbeitswelt zu gestalten. Und nicht zuletzt geht es um Lösungen für die demografische Herausforderung, die Europa künftig noch stärker treffen wird und eine gut gemachte Einwanderungspolitik erfordert.

All diese Herausforderungen müssen natürlich zunächst in den Mitgliedstaaten angegangen werden. Doch nur die EU ist einflussreich genug, um globale Lösungen auszuhandeln und eine Führungsrolle zu übernehmen, indem sie gleichgesinnte Partner zusammenbringt.

Das wichtigste Argument für das Bestehen der EU ist letztlich, wie sie unsere Einstellungen geprägt hat. Unsere Generation betrachtet Nachbarstaaten als Freunde und Partner im gemeinsamen europäischen Projekt, nicht als Feinde. Europa ist zu einem gemeinsamen Raum für Arbeit und Studium geworden. Die EU ermöglicht den Mitgliedstaaten Einfluss und Erfolg auf globaler Ebene, sie bietet dem Kontinent eine Plattform für wirtschaftliche Entwicklung. Das ist sowohl den Aufwand als auch die Wartungskosten wert.

EUROPA BEDEUTET NICHT, DIE HEIMAT AUFZUGEBEN

Simone Menne

Vielseitigkeit Europas

Europa ist vielseitig. Es ist eine Geschichte, es ist eine Utopie. Es ist eine großartige Ansammlung von Kulturen, und es ist eine Gemeinschaft, die zusammen mächtig ist und viel erreicht hat und noch erreichen kann.

Dazu sind aber immer wieder nachhaltige Anstrengungen nötig, denn der Zusammenhalt von vielfältigen diversen Völkergruppen ist anspruchsvoller als das Zusammenhalten einer homogenen Masse. Doch es lohnt die Anstrengung. Denn in Unternehmen wie auch in Kulturen bedeutet Diversität die Chance, verschiedene Perspektiven zu hören, verschiedene Argumente auszutauschen und daraus dann eine gute Lösung zu entwickeln.

Nationen sind nicht naturgegeben, sie entstehen immer wieder neu und bestätigen sich durch Weiterentwicklung in Übereinstimmung mit allen Mitbürgern. Und dabei sind es nicht nur die politische Verfassung oder die Organisation der Wirtschaft oder Verwaltungsstruktur, die den Zusammenhalt ergeben, sondern auch die Emotionen und Geschichten, die ihre Bewohner teilen. So schildert es die Friedenspreisträgerin des deutschen Buchhandels Aleida Assmann in »Der europäische Traum«. Das Bild des Sternenkreises von Europa ist das Bild einer Einheit in der Vielfalt – allerdings fehlt ihm die verbindende Mitte. Und dies darf keine Zentraleinheit sein, die versucht, Homogenität zu erzeugen. Dieses verbindende Element gilt es zu schaffen und zu vermitteln.

Europas Angst

Volatilität, Unsicherheit, Komplexität und Ambivalenz prägen das heutige gesellschaftliche Umfeld. Viele Bürger Europas sind aus unterschiedlichen Gründen von der Angst getrieben. Basis dafür sind sich überlagernde globale Trends, die komplex und schwer beherrschbar erscheinen, wie etwa der Klimawandel, die rasant voranschreitende Entwicklung von Technologie und künstlicher Intelligenz, globale Migrationsbewegungen, demografische Veränderungen, Angst vor wirtschaftlichem Abschwung und eine mindestens als ungerecht wahrgenommene Verteilung des Vermögens. Angst auch vor dem Verlust der Autonomie, die mühsam nach Jahren der Abhängigkeit von totalitären Systemen erkämpft worden war.

Grundsätzlich lähmt Angst Menschen, da sie den Eindruck haben, das eigene Schicksal nicht mehr kontrollieren zu können. Menschen treibt die Furcht vor dem Verlust der eigenen Identität, vor materiellen Einbußen, die Furcht um die eigene Sicherheit um. Gleichzeitig gibt es das Phänomen der bedrohten Mehrheiten: jene, die alles haben und deshalb alles fürchten (Ivan Krastev).

Medien und Politik berichten vordringlich von Katastrophen, Unglücken und Bedrohungen, die diese Ängste anfachen oder verstärken. So gibt es nun auch die Angst vor dem sogenannten Deskilling – ein Schlagwort auf dem Weltwirtschaftsgipfel in Davos –, nachdem aufgrund der zunehmenden Ausstattung mit technologischen Hilfsmitteln die Sorge besteht, dass Menschen die Fähigkeit verlieren, selbst Entscheidungen zu treffen oder ohne diese Hilfsmittel ihr Handeln zu steuern.

Und schließlich wird auch das Erfolgsmodell Demokratie und Kapitalismus infrage gestellt. Clemens Fuest weist in diesem Zusammenhang in der Frankfurter Allgemeinen Zeitung vom 27. Juli 2018 auf die Verlagerung der Kräfteverhältnisse nach Asien hin und stellt die Frage, ob ein Modell wie der chinesische Staatskapitalismus besser geeignet sein könnte als die westlichen Marktwirtschaften.

Obwohl rational klar scheint, dass die globalen Probleme auch nur global zu lösen seien, ist die instinktive Reaktion auf Angst und das Gefühl, die eigene Identität zu verlieren, der Wunsch nach einer Festung, die Schutz bietet und sich gegenüber der Außenwelt abschottet. Die Ablehnung gegenüber Fremden und Andersdenkenden hat dabei noch eine zusätzliche Funktion: Sie trägt dazu bei, eine Gruppenidentität aufzubauen. Und ein weiterer Instinkt sucht die Homogenität, denn Stammesgesellschaften konnten in permanenten Bedrohungslagen keine Abweichler dulden. Daraus resultiert bis heute eine instinktive Abneigung gegen Andersdenkende. In Unternehmen wird in Zeiten von Disruption und technologischen Herausforderungen versucht, diese Instinkte zu überwinden; man fördert Diversität, indem Teams aus verschiedenen Geschlechtern, Alters- und Erfahrungsgruppen sowie verschiedenen kulturellen Hintergründen zusammengesetzt werden. Auch die Abschottung innerhalb eines Unternehmens, das Silodenken, stellt eine Gefahr für die Weiterentwicklung des Unternehmens dar, da mehr und mehr ganzheitliches Denken gefragt ist, um den Anforderungen des Wettbewerbs standzuhalten. Dazu kommt, dass auch im Wirtschaftsleben ein rein nationales Wirtschaften im internationalen Wettbewerb nicht mehr vorstellbar ist.

Der Globalisierung im Wirtschaftsleben stehen im sozialen und gesellschaftlichen Leben aber mehr und mehr Spaltung und Inseldenken gegenüber. Auch wenn die Globalisierung im Durchschnitt der Weltbevölkerung zu mehr Wohlstand, Gesundheit und Sicherheit geführt hat, ist die Ungleichheit in der Realität oder zumindest in der Wahrnehmung vieler Menschen gestiegen. Viele Menschen haben das Gefühl des Verlustes von Würde und Identität.

Europas Geschichte

In dieser Gemengelage wird das Erfolgsmodell Europa zusehends infrage gestellt. Und zwar nicht nur von Teilen der Bevölkerung, die den Verlust von Heimat und damit ein weiteres Dahinschwinden ihrer Identität fürchten, sondern auch von Politikern, die in einem Europa der Vielfalt die Verringerung ihrer Autonomie und Macht sehen.

Dabei bieten Gruppen von Andersdenkenden grundsätzlich die Chance, Bestehendes zu hinterfragen und aufgrund neuer Entwicklungen auszubauen sowie Bewährtes aus verschiedenen Kulturen zu prüfen, um daraus neue Ideen zu schöpfen. Dazu müssen allerdings die Voraussetzungen in Form gemeinsamer Werte, eines gemeinsamen Narrativs und einer Identität sowie die Vorstellung des Gemeinwohls bestehen. Kulturen, die keine Impulse von außen erfahren, stagnieren.

Das Narrativ kann und muss aus der gemeinsamen Geschichte Europas entwickelt werden. Dabei müssen die Erfolge wie der jahrzehntelange Frieden in der Region und das allgemeine Wachstum sowie die Offenheit im Umgang miteinander unter anderem in Form des grenzenlosen Reisens und gemeinsamen Lernens und Arbeitens als gemeinsame Erinnerung in die großartige kollektive Geschichte eingehen. Es geht darum, dass wir uns gegenseitig die Geschichte erzählen von Zeiten, als wir endlich ohne Grenzen von einem Land in das andere reisen konnten. Von Zeiten, als wir endlich ohne Geld zu wechseln im Nachbarland bezahlen konnten. Von Zeiten, als wir ehemalige Feinde als Freunde begrüßen konnten.

Auch die Erfolge von erfolgreicher Integration neuer EU-Partner wie auch von Migranten werden nur wenig gewürdigt.

Statt des Stolzes auf diese Erfolge gibt es nun den Stolz auf lokale und nationale Erfolge der Vergangenheit, gepaart mit dem Verdrängen von Fehlleistungen. Solch ein Stolz führt nicht zu einem Gemeinschaftsgefühl, sondern zu fehlendem Nachgeben und zu Unterdrückung Andersdenkender. Europas Geschichte wird zu häufig reduziert auf Regulierung, Bürokratie und auf die Bevormundung aller EU-Länder durch Brüssel. Die Vorteile einer Regulierung, nämlich die Vergrößerung des Marktes für die Marktteilnehmer werden kaum erwähnt. Es geht um die Vermeidung von Missbrauch, die Vereinheitlichung von Richtlinien, so dass alle Beteiligten wie im Verkehr oder im Sport nach denselben Vorgaben spielen und sich damit verstehen können.

Natürlich ist es wichtig, auch die Versäumnisse europäischer Politik klar zu benennen, um aus den gemachten Fehlern zu lernen.

Da ist zum einen das von Ivan Krastev benannte Nachahmungsgebot. Neue Teilnehmer der Union wurden nicht unbedingt wegen ihrer Vielfalt geschätzt und als weiteres wertvolles Element im Kaleidoskop der Kulturen hinzugefügt. Stattdessen galt es häufig die Werte der bestehenden Mitglieder zu übernehmen. Die Vorgaben in der Finanzkrise, gerade auch von Ländern, die ebenfalls einmal Grenzen nicht eingehalten hatten, wurden als Bevormundung und Knebel empfunden. Es gab Länder, die Darlehen gaben. Von diesem Geld wurden dann teilweise auch Importe von den Schuldnern bezahlt und gleichzeitig suggerierte man ihnen, es handele sich um Subventionen. Hier wurde keine Geschichte der Solidarität erzählt, sondern Macht und Herrschaft ausgeübt.

Die Geschichte muss als gemeinsame diverse Geschichte gehört und verstanden werden. Die französische Journalistin Natalie Nougayrède spricht von Erinnerungskomplexen und -blockaden und ist der Auffassung, dass sich der psychologische Graben zwischen Ost und West sowie zwischen Nord und Süd weiter vertiefen wird, solange die Europäer ihre Miteuropäer ausschließlich durch die Linse der eigenen Nationalgeschichte betrachten.

Die gemeinsame Geschichte als solche herzustellen, schafft die Möglichkeit, sich auch wieder der gemeinsamen Werte und der Identität als Europäer bewusst zu werden.

Europas Zukunft

Für die Zukunft lernen, heißt aus der Vergangenheit zu lernen. Der Zyklus aus Revolution, Euphorie, Alterung, Verhärtung und wachsender Unzufriedenheit über bestehende Systeme sieht aus wie eine unendliche Geschichte. Eine tiefere Erklärung für diese zyklischen Wiederholungen liefert der Zwiespalt zwischen dem Freiheitsgrad der Intelligenz und den Automatismen des Herdentriebs. Eine totalitäre Gesellschaft ist die natürliche Gesellschaftsform der archaischen Triebe. Solange diese Ebene der menschlichen Psyche dominiert, kann jede Gesellschaft immer wieder in eine totalitäre Form abrutschen. Aber viele Menschen sehnen sich nach einer anderen, freien Gesellschaft, die ihrer kritischen Intelligenz und ihrem freien Willen gerecht wird. Die Demokratie ist eine Gesellschaftsform, die zu dieser höheren Ebene der menschlichen Psyche passt. Eine wirkliche Demokratie verfügt allerdings über keine stabilisierenden Machtstrukturen und ist daher grundsätzlich instabil. In ihrer Sachlichkeit ist sie prinzipiell schwach. So schreibt der Physiker Gerd Ganteför in »Das Gesetz der Herde«.

Das kritische Denken ist der Feind jeder fundamentalistischen Religion und jeder fundamentalistischen politischen Bewegung, denn es kann unrealistische Utopien und falsche Fakten entlarven sowie Manipulation und Willkür erkennen und bekämpfen. Damit kann das kritische Denken die Demokratie stabilisieren.

Eine Demokratie muss, wenn sie langfristig stabil sein soll, Rücksicht auf menschliche Grundbedürfnisse und Werte nehmen. Dazu gehört auch das Gefühl von Heimat. Ein häufig missbrauchtes Argument ist, dass ein gemeinsames Europa dazu führt, dass Heimat aufgegeben werden muss. Heimat bedeutet Sicherheit, Vertrauen, Verstehen und Vertrautheit. Diese Heimat bleibt aber auch innerhalb Europas erhalten, ich liebe meine Stadt, mein Bundesland und Europa – auch Liebe ist vielfältig.

Eine Demokratie muss die Menschen mit einem Narrativ für die Zukunft ausstatten, welches alle Menschen teilen können. Hier reicht der wirtschaftliche Erfolg, den Europa insgesamt vorzeigen kann, allein nicht aus. Es muss immer auch ein emotionales Element geschaffen werden. Dabei spielt Diversität eine große Rolle und bietet eine Chance insbesondere in der globalen Welt, die vielfältig ist. Die Fähigkeit, sich auf andere Kulturen einzustellen, die nichtsdestotrotz eine gemeinsame Wertegrundlage und Geschichte teilen, hilft, auch die größere Vielfalt in der Welt zu verstehen und damit umzugehen.

Freie Kunst, Kultur, Bildung und Wissenschaft sind die Grundlagen, die auch für die Zukunft Europas in seiner Vielfalt die wesentlichen Stützen einer kritischen Zivilgesellschaft bilden. Hier kann die Grundlage der gemeinsamen Identität liegen, die analog wie der frühere amerikanische Traum eine Gesellschaft bei aller Diversität verbindet. Francis Fukuyama schreibt in seinem Buch »Identität«, eine europäische Identität könne es nicht geben. Diese Einschätzung teile ich nicht, denn europäische Geschichte, aber auch die

Geschichte anderer Kulturen hat gezeigt, dass neue Entwicklungen auch neue Opportunitäten und Identitäten hervorbringen.

Fazit

- Europa bedeutet nicht eine Bedrohung oder gar den Verlust der Nationalstaaten, sondern die Chance ihres Schutzes und die Möglichkeit ihrer Weiterentwicklung (Aleida Assmann).
- Kulturen können sich nur weiterentwickeln, wenn sie von anderen Kulturen lernen, bei Abschottung verkümmern sie.
- Europa heißt Zusammenarbeit, wenn es um die allgemeingültigen Probleme geht, bei gleichzeitiger Autonomie hinsichtlich lokaler Themen.
- Es gilt eine gemeinsame europäische Identität zu entwickeln, deren Fundament die gemeinsame Geschichte bildet, auf dem bestehende gemeinsame Werte aufbauen und die als Dach eine gemeinsame Utopie tragen. Diese erlaubt es, Europa in aller Diversität innovativ und demokratisch weiterzuentwickeln, um die globalen Herausforderungen zu bewältigen.

VERTRAUTHEIT, ABER KEIN VERTRAUEN: DIE JUGEND FORDERT EUROPA HERAUS

Angelika Gifford

Junge Leute machen sich keinen Kopf um das Friedensprojekt Europa, sondern nehmen die Vorteile der Staatengemeinschaft lässig zur Kenntnis. Doch den Institutionen geben sie keine guten Noten. Ein Veränderungsprozess muss her. Sonst verliert die EU ihre wichtigste Wählerschaft.

Flughafen Charles de Gaulle, die Maschine aus München landet pünktlich, an Bord unsere Patchworkfamilie. Mit der amerikanischen Tochter und dem deutschen Sohn möchten wir eine Woche in Paris verbringen. Die Tochter wühlt ganz automatisch im Rucksack nach ihrem blauen Pass: in Erwartung einer langen Schlange vor einem gestressten Zollbeamten. Was sie denn damit wolle, fragt ihr kleiner deutscher Bruder verdutzt: »Wir sind doch in der EU.«

Wie die meisten in seiner Generation nimmt er die Errungenschaften der Europäischen Union und der Eurozone als Selbstverständlichkeit wahr. Grenzkontrollen zwischen Frankreich und Deutschland hat er nie erlebt, niemals mit Francs, Peseten, Lira oder Mark bezahlt. Und dass es bis vor kurzem hohe Roaminggebühren gab, wenn man im Ausland mobil telefonieren wollte, hat er auch schon wieder vergessen. Den Grundgedanken des »Friedensprojekts Europa« aber kennt er nur aus dem Geschichtsunterricht. Auch der Kalte Krieg ist eine dunkle, weit entfernte Epoche.

Die Vertrauensfrage

Die grenzenlose Reisefreiheit innerhalb Europas ist für die junge Generation heute ebenso selbstverständlich wie ein Erasmus-Jahr in Schweden oder die Jobsuche quer über den Kontinent. Eine politische Idee hat das Leben von Menschen in ein paar Jahrzehnten verändert. Doch ist das tragfähig, um diese Idee für die Zukunft zu erhalten? Wenn doch gleichzeitig das Vertrauen in die politischen Institutionen schwindet, gerade in die europäischen? Wenn vor allem junge Leute sich von der Politik nicht gehört und nicht ernst genommen fühlen?

Von Wirtschaftsunternehmen, wie ich sie als Mitglied in Führungsgremien und Aufsichtsräten erlebe, wird stets »disruptive change« erwartet, eine sprunghafte Veränderung und sofortige Anpassung an neue Bedingungen, neue Märkte und Technologien. Natürlich: Politische Institutionen müssen vor allem stabil und wehrhaft sein. Und die Europäischen Verträge anzufassen, ist mühsam und langwierig. Außerdem sind die (bald nur noch) 27 EU-Staaten sehr verschieden und unterschiedlich groß, was eine Einigung auf eine Reform der Institutionen regelmäßig erschwert.

Aber auch hier ist nun die Zeit für einen Veränderungsprozess gekommen. Dabei geht es nicht unbedingt um »mehr Europa«, sondern um »mehr Vertrauen«. Betroffene zu Beteiligten machen, meine persönliche Grundregel für jeden klugen Transformationsprozess, sollte auch in Europa funktionieren.

Ausbleibende Konsequenzen

Bei der Abstimmung über den EU-Austritt in Großbritannien ging es ja gerade um die Vertrauensfrage. Ihren eigenen, fast tausend Jahre alten Institutionen vertrauen die Briten, auch wenn jeder, der derzeit Parlamentsfernsehen aus London schaut, darüber den Kopf schütteln möchte. Der EU vertrauen sie überwiegend nicht – vielleicht zu Unrecht und befeuert von einer teils tendenziösen Darstellung europäischer Politik durch ihre eigenen Politiker oder Presseorgane.

Trotzdem: Hätten die EU-Politiker und Regierungschefs daraus nicht schnellstens Konsequenzen ziehen müssen, zum Wohle künftiger Generationen? Ein Weißbuch mit Szenarien für etwas mehr oder etwas weniger Europa, wie der scheidende Kommissionspräsident es vorgelegt hat, reicht da nicht. Und auch die sehr vage »Erklärung von Rom«, die nun schon wieder zwei Jahre zurückliegt, dürfte die jungen Leute kaum überzeugt haben – trotz des Pomps drumherum.

Natürlich kann man es sich leicht machen und auf das Desinteresse der jungen Generation verweisen – auch beim Brexit-Referendum 2016: Die jungen Briten zeigten sich zwar überwiegend europafreundlich, sie blieben der Wahl jedoch zu einem großen Teil fern. Nur etwas über die Hälfte der 18- bis 24-Jährigen beteiligte sich an der Abstimmung über ihre Zukunft.

Mir zeigt das: Es ist nicht gelungen, sie anzusprechen. Eine stete Erinnerung an die Errungenschaften der Vergangenheit kann ein hochkomplexes Konstrukt wie die EU auf Dauer nicht am Leben halten. Ohne neue Ideen für die Zukunft wird der europäische Gedanke veröden. Das fehlende Engagement der jungen Generation wird für die EU im nächsten Jahrzehnt wahrscheinlich die größte Herausforderung und die gravierendste Gefahr sein.

Gefühlte Europäer

Es gibt auch gute Nachrichten. Die letzte Studie »Junges Europa« der TUI Stiftung scheint anzudeuten, dass wir im Zeitraum von

2017/18 ein kleines Comeback Europas verzeichnen konnten. Die Stiftung befragte junge Europäer zwischen 16 und 26 Jahren in allen EU-Mitgliedsländern. 71 (Vorjahr: 61) Prozent der Befragten sagten, sie würden bei einem gedachten Referendum für den Verbleib ihres Landes in der EU stimmen. 66 (58) Prozent der jungen Menschen sehen sich heute nicht mehr ausschließlich als Bürger ihres Heimatlandes, sondern auch als Europäer. Aber, wie befürchtet: Nur 33 Prozent vertrauen den EU-Institutionen wie der Europäischen Kommission und dem Europaparlament. Und nicht einmal jeder Fünfte ist der Meinung, dass das politische System in seinem jeweiligen Land so funktioniert, wie es sollte.

Die Verunglimpfung der EU als Beamtenburg wird nicht aufhören – schon wegen der wachsenden populistischen Strömungen überall in Europa. Zu praktisch ist es für eine bestimmte Sorte Politiker, mit dem Fingerzeig nach Brüssel und Straßburg von eigenen Versäumnissen abzulenken. Menschen mit Behörden, Richtlinien, Verträgen und Ausschüssen zu begeistern, ist ohnehin schwierig. Man muss ihre Fragen, Probleme und Sorgen ernst nehmen und Themen wie Klimapolitik, ökologische Landwirtschaft, Daten- und Verbraucherschutz, Steuergerechtigkeit, gesunder Wettbewerb, strengere Bankenaufsicht und digitaler Binnenmarkt adressieren.

Es gibt ja viele Positivbeispiele über die EU zu erzählen, zum Beispiel aus dem Bereich Tourismus. Wenn sich heute viele über günstige Flugtickets freuen: Die EU hat das billige Fliegen durch die Liberalisierung des Luftverkehrs ab 1987 möglich gemacht. Gleichzeitig stärkte sie Sicherheitsstandards, und die gesetzliche Krankenversicherung schützt Reisende EU-weit. Touristische Reiseziele und Kulturdenkmäler werden oft mit EU-Mitteln erhalten. Gemeinsam kämpfen die EU-Mitgliedsländer gegen den Terrorismus, der gerade Reisenden manchmal Angst macht.

Zusammenhalt durch Tourismus

Die Unternehmen der Tourismusbranche sind prädestiniert dafür, die europäische Idee weiter populär zu machen; und sie nehmen das ernst. Denn letztlich sind es die persönlichen Bande zwischen Menschen aus verschiedenen europäischen Nationen, die Verständigung und Toleranz ermöglichen. Ohne die rege Reisetätigkeit zwischen dem Norden und Süden Europas in den 1960er und 70er Jahren ist die europäische Einigungsgeschichte schwer vorstellbar.

Ab 2008, nach der Finanz- und Wirtschaftskrise, war der Tourismus in Südeuropa die zentrale Säule der Konjunktur: die Investitionen der Tourismusunternehmen in Hotels und Infrastruktur, die Jobs und Ausbildungsplätze gerade für die vielen arbeitslosen Jugendlichen. Im Tourismus sind die formalen Einstiegshürden gering und die Entwicklungsperspektiven sehr gut. Der Transfer von Bildung, Wohlstand, Umwelt- und Sozialstandards durch den Tourismus sorgt dafür, dass sich die Lebensverhältnisse in den Ländern Nordeuropas und Südeuropas immer mehr annähern. Und eben auch die Menschen: Es waren die persönlichen Kontakte zwischen deutschen Urlaubern und griechischen Gastgebern, die dazu beitrugen, dass die deutsch-griechische Freundschaft nie ernsthaft gefährdet war.

Keiner wird erstaunt sein, wenn ein Tourismuskonzern und seine Führung glühende Europäer sind. Denn auch mit Blick auf die Entwicklungen in der Welt gilt es, Europa stark zu machen. Alte Gewissheiten verschwinden. Das transatlantische Bündnis gerät aus dem Fokus – nicht erst seit Trump. Das Kraftzentrum der Weltwirtschaft verschiebt sich nach Asien. Keines der 28 Länder der Europäischen Union wird zur Mitte des Jahrhunderts für sich allein mit den großen Volkswirtschaften der Welt mithalten können.

Die Unternehmensberatung PWC beschrieb den Bedeutungsverlust in ihrer Studie »The World in 2050«. Danach wird Deutschland in gut 30 Jahren als einziges EU-Land noch in der Liga der zehn größten Volkswirtschaften weltweit mitspielen, und zwar auf Platz neun hinter Newcomern wie Indonesien oder Mexiko. Es ist eine völlige Verirrung, in solch einem Umfeld das Heil in der Wiederkehr zum überschaubaren Nationalstaat zu suchen. Und doch ist dies in Großbritannien geschehen.

Aus der Komfortzone

Die EU-Mitglieder müssen jetzt handeln, den Veränderungsprozess beginnen. Nicht allein mit Argumentationsleitfäden zu den Errungenschaften der EU, nicht mit weiteren Kommissionen, wo kluge Leute darüber beraten, wie wir leben wollen. Sondern mit einer echten Neuorganisation und neuer Motivation für die Bürger und ihre gewählten Vertreter. Wenn wir die Jugend für Europa begeistern wollen, müssen wir uns ihren Fragen stellen und die Komfortzone verlassen.

Politische Neuordnung. Es gibt auf diesem Gebiet viele renommierte Juristen mit weitreichenden Vorschlägen. Längst können wir europäischen Parteiprogrammen nach einem europäischen Wahlrecht unsere Stimme geben. Der Europäische Rat, der aus den Regierungschefs aller Mitgliedsländer besteht, könnte in eine zweite Kammer des Parlaments umgewandelt werden. Der Ausbau des digitalen Binnenmarktes, die Schaffung einer europäisch einheitlichen digitalen Infrastruktur einschließlich Ausbau des Breitbandnetzes und die Intensivierung der Kooperationen bezüglich Cyberkriminalität sind nur einige Themen, die wir zu bewältigen haben, um weiterhin als Europa wettbewerbsfähig und für unsere junge Generation attraktiv zu bleiben.

Transparenter Lobbyismus

Und finden wir nicht alle, dass 30 000 Lobbyisten in Brüssel zu viel sind? Lobbyismus ist zwar nicht per se schlecht, sondern ein legitimes Mittel im politischen Willensbildungsprozess. Aber er muss transparent ablaufen und darf kein Eigenleben entwickeln. Sonst wenden sich die Bürger ab, gerade die jungen Leute, die sich gegenüber diesem Apparat besonders hilflos fühlen. Selbst Instrumente wie die Europäische Bürgerinitiative, ein Vehikel der direkten Demokratie, für die Jugend wie gemacht, wird häufig für die Zwecke von Lobbyisten missbraucht. Das muss verhindert werden.

Klar ist: Die Beharrungstendenzen und Widerstände werden gewaltig sein. Doch das darf uns nicht hindern. Die EU war immer ein Ort, die unterschiedlichen Interessen der Länder in eingespielten Verfahren zu einem Kompromiss zu führen. Darin lag ihre Stärke. An diese sollte sie nun anknüpfen.

SCHLUSSBETRACHTUNG: GESTALTEN WIR DIE ZUKUNFT EUROPAS, BEVOR ES DIE POPULISTEN FÜR UNS TUN!

Sven Afhüppe, Thomas Sigmund

Wir haben Europa viel zu verdanken, es ist ein gewaltiges Friedens- und Freiheitsprojekt. Doch Europa kann es besser. Das zeigen die Beiträge der 30 Vorstandschefs, Mittelständler und Start-up-Unternehmer in diesem Buch, die ein neues Geschäftsmodell, einen Masterplan für die Gestaltung der Zukunft des Kontinents entworfen haben. Die Bestandsaufnahme ist klar: Im Kampf um die Technologieführerschaft, die Fachkräftesicherung, Robotik und Künstliche Intelligenz, Bildung und Forschung droht Europa im Wettbewerb mit den USA und China den Anschluss zu verlieren. Und die Politiker in Brüssel und in den europäischen Hauptstädten scheinen selbst mehr Fragen als Antworten zu haben.

Doch die Wirtschaftsführer, auch das zieht sich wie ein roter Faden durch das Buch, sehen keine Alternative zu mehr Europa. In einer Zeit, in der sich Nationalismus und Egoismus ausbreiten, bietet die Wirtschaft an, ihren Beitrag zu leisten, weil sie sich zunehmend um die Zukunft des Kontinents sorgt. Daimler-Chef Dieter Zetsche ist davon überzeugt: »Kleinstaaterei ist kein Erfolgsrezept für ein modernes Europa. Das Gegenteil ist der Fall. Alle großen Fragen lassen sich nur europäisch lösen – von der Finanzpolitik über den Klimaschutz bis zur Migration. In Zeiten von weltweiten Handelskonflikten braucht Europa eine verlässliche Politik aus der Mitte der Gesellschaft.«

Die Problembeschreibung ist zunächst ernüchternd. Europa wirkt wie aus der Zeit gefallen. In der 70-jährigen Geschichte der Europäischen Union ist viel passiert, die Welt um uns herum hat sich aber ebenfalls in einem atemberaubenden Tempo weiterentwickelt. So ist die Vergemeinschaftung der Landwirtschaft und der Regionalpolitik historisch nachvollziehbar. Das waren die ersten Aufgaben neben der Montanunion, die 1951 von der Bundesrepublik Deutschland, Frankreich und Italien sowie den Beneluxstaaten Belgien, Niederlande und Luxemburg gegründet wurde. Die Anfangsphase des gemeinsamen Binnenmarktes brachte Wohlstand und Arbeitsplätze. Doch heute wirkt das überdimensionierte System von Agrarhilfen und Regionalbeihilfen im EU-Haushalt wie ein Anachronismus. Zwar unternimmt die EU-Kommission seit einiger Zeit rechnerische Klimmzüge, um zu belegen, dass mehr Geld in Bildung und Forschung fließt. Die Unwucht existiert jedoch weiter. Wie wird Europa in der Öffentlichkeit wahrgenommen? Sicher nicht als wirtschaftlich mächtig, technologisch in der Spitze liegend. Anspruch und Wirklichkeit klaffen weit auseinander. Dabei wäre Europa – so der Befund vieler Autoren – in der Lage, sich zu Lösungen bei großen Problemen der Zeit wie Klimawandel, Energieeffizienz oder einer europäischen Verkehrswende durchzuringen. Wir bewundern das Silicon Valley, haben aber Stärken durch hochqualifizierte Menschen bei uns selbst.

Es fehlt der Mut für radikale Reformen, für ein klares Bekenntnis zur Zukunft und für den unverstellten Blick nach vorne. In Brüssel dominieren die Ingenieure des Status quo, die das Einigungsprojekt der Vergangenheit optimieren, nicht aber grundlegend hinterfragen.

Bayer-Vorstandschef Werner Baumann stellt unmissverständlich fest: »Als Folge der Technologie-Skepsis ist Europa im Begriff, als Innovationsstandort den Anschluss zu verlieren und die technische Entwicklung in vielen Bereichen anderen zu überlassen. (…) Was

Europa am meisten braucht, ist ein Kulturwandel, ein Umdenken. Weg von der verzagten Fixierung auf etwaige Risiken, hin zu einer mutigen, zupackenden Kultur der Chancen und der Möglichkeiten.«

Diesen Kulturwandel können und müssen auch die Medien begleiten. Meistens ist der Journalismus auf einem Auge blind, weil hauptsächlich negative Nachrichten, Geschichten von Fehlern und Scheitern produziert werden. Medien haben aber nicht nur die Aufgabe, Missstände aufzuzeigen, sondern auch die Wirklichkeit abzubilden. Und die Realität ist in Europa nicht so negativ, wie sie von den Medien transportiert wird. Europa liefert unendlich viele Geschichten vom Gelingen, von Machern und Visionären. Es liegt an den Medien, über diese Heldengeschichten zu berichten und so eine Kultur der Chancen zu ermöglichen.

Dabei gibt es kein Erkenntnisproblem. In ihren Reden werden Europas Spitzenpolitiker nicht müde, darauf hinzuweisen, dass China dezidiert einen Plan verfolgt, zur technologischen und geopolitischen Weltmacht aufzusteigen, und die USA mit dem »America First«-Ansatz die multilaterale Weltordnung verlassen haben. Die politische Klasse in Brüssel und in den Hauptstädten der Mitgliedstaaten weiß, dass sie Europa neu erfinden muss, dass ein Weiter-so den Kontinent in seiner Existenz gefährden kann. Doch statt Ideen und Visionen blühen Sattheit und Selbstzufriedenheit – in der vagen Hoffnung, dass man sich im globalen Kampf um Wohlstand schon irgendwie behaupten werde. Die Politik der ruhigen Hand könnte sich historisch als fataler Irrtum erweisen.

Wir brauchen mehr Investitionen

Christian Sewing, der Vorstandsvorsitzende der Deutschen Bank, fordert: »Wir in Europa müssen wieder mehr investieren. Nicht zuletzt in Deutschland besteht erheblicher Spielraum – für öffentliche, aber auch für private Investitionen. Es geht einerseits um die viel diskutierten Ausgaben für Brücken, Straßen und Schienen. Investieren müssen wir aber auch in Bildung sowie in die digitale Infrastruktur, in Breitband- und Funknetze, in Forschung und Entwicklung. Es gibt einen engen Zusammenhang zwischen der Höhe der Investitionen in neue Technologien und dem Erfolg der Unternehmen, die daraus entstehen.« Der Ruf nach stärkeren öffentlichen und privaten Investitionen findet sich in vielen Beiträgen. Zu Recht. Vor allem in der Bildung muss sich etwas tun, wenn wir bei der Wissensvermittlung nicht weiter zurückfallen wollen. In Deutschland etwa hat es viel zu lange gedauert, bis sich Bund und Länder auf den Digitalpakt einigen konnten. Wir brauchen aber verstärkte Investitionen in Bildung, vor allem Forschung, und mehr Wagniskapital für Start-ups und digitale Projekte.

Das alles soll nicht heißen, dass alle Projekte in Europa gleichermaßen mit der Gießkanne gefördert und damit die Haushalte gesprengt werden. Aber Investitionen in die Zukunft sollten auf der Prioritätenliste ganz nach vorne rücken. Das ist ein Investment, für das es sich lohnt, Schulden zu machen.

Die strikte Schuldenbremse in der deutschen Verfassung sollte vor diesem Hintergrund gelockert werden. Die schwarze Null im Bundeshaushalt ist politisch ein nachvollziehbares Ziel, sie ist aber kein Selbstzweck. So richtig es war, den jahrzehntelangen Anstieg der Bundesschulden zu stoppen, so wichtig ist es, in einer technologischen Umbruchzeit schuldenfinanzierte Investitionen zu ermöglichen. Es kann nicht sein, dass öffentliche Investitionen für die digitale Transformation in Deutschland ausbleiben oder auf die lange Bank geschoben werden, weil die Schuldenbremse den dafür notwendigen Spielraum nicht ermöglicht. Öffentliche Investitionen in die digitale Infrastruktur, in die Grundlagenforschung von Künstlicher Intelligenz und in Bildung sind die Voraussetzungen dafür, dass Deutschland den Anschluss an den Rest der Welt nicht verliert. Künftige Generationen profitieren davon, wenn der Staat sich vorübergehend verschuldet, um der digitalen Revolution in Deutschland zum Erfolg zu verhelfen. Angesichts der historisch niedrigen Zinsen wären die Belastungen künftiger Generationen durch den späteren Schuldendienst gering. Investitionen in die nächste industrielle Revolution zu unterlassen wäre verantwortungslos.

Einher mit Investitionen geht immer auch der Mut, Risiken einzugehen, wie mehrere Autoren fordern. Aus Europa kamen der Buchdruck, die Dampfmaschine, das Mikroskop und der mp3-Player. Heute ist es noch nicht einmal selbstverständlich, in Europa seinen Kaffee mit einer App zahlen zu können. Das Innovationstempo steigt, aber wirklich disruptive Innovationen gibt es heute in Europa wenig.

Europa wirkt eher gelähmt wie kaum ein anderer Kontinent der Welt. Der Streit um den richtigen Umgang mit der Flüchtlingskrise und die endlosen Debatten um den Brexit binden die Aufmerksamkeit der Politik. Europa gleicht einem behäbigen Dampfer, der trotz Leck im Bug seinen Kurs fortsetzt. Um einen Schiffbruch zu vermeiden, reicht es nicht, wenn einzelne Politiker wie Frankreichs Präsident Emmanuel Macron ein Reformprogramm für Europa propagieren. Nötig ist ein kollektiver Aufbruch – so wie zu Zeiten der Montanunion. Dazu gehört in jedem Fall eine gemeinsame Außen- und Sicherheitspolitik, damit das spöttelnde Lamento des früheren US-Außenministers Henry Kissinger ein Ende hat, das bei seiner angeblichen Frage mit durchgeklungen sein soll: »Welche Telefonnummer wähle ich, wenn ich Europa anrufen will?« Er hat dies wohl nie so gesagt – zumindest kann er sich selbst nicht mehr daran erinnern. Doch bislang sind seine Nachfolger immer in Berlin, Paris oder London gelandet, nur nicht in Brüssel.

Wir brauchen eine neue Gemeinsamkeit

Außenpolitische Stärke ist kein Naturgesetz. Sie ist das Ergebnis militärischer und ökonomischer Kraft. Hier hat Europa in den vergangenen Jahrzehnten viel erreicht. In der Handelspolitik spricht Europa mit einer Stimme und hat ein klares Verhandlungsmandat.

Selbst ohne Großbritannien ist der europäische Binnenmarkt mit weit über 400 Millionen Bürgern einer der größten der Welt – eine gute Voraussetzung für Wachstum. Doch die Politik macht zu wenig daraus. Bei vielen Projekten ist man auf halbem Weg stehen geblieben. Das Ergebnis ist ein Flickwerk von Unzulänglichkeiten, das Bürger und Wirtschaft enttäuscht – und in die politischen Arme von Populisten treibt.

Für Douglas-Chefin Tina Müller ist die EU »Teil eines kulturellen Großkonflikts geworden – Globalisierung gegen Abschottung, Gender gegen klassische Rollenbilder, multikulturelle Gesellschaft gegen ethnische Homogenität, weltoffene Eliten der Metropolen gegen abgehängte ländliche Räume und eben Europa gegen Nationalstaat«. Sie meint, Brüssel werde »mit seinen Richtlinien zur Bananenkrümmung und Mülltonnengröße, mit seiner zuweilen doch etwas expansiven Deutung des Subsidiaritätsprinzips, als Fremdbestimmung empfunden«. Der Rechtspopulismus nähre dieses Gefühl. »Doch die Versuche, aus dem Ressentiment Politik zu machen, sind kläglich. Purer Trotz ist kein Politikkonzept«, schreibt sie.

Wir brauchen Exzellenz in der Wirtschaftspolitik

Das Politikversagen ist in vier zentralen Bereichen zu beobachten. Es gibt keinen europäischen Energiemarkt, die Dienstleistungsbranche ist unterentwickelt, die Kapitalmärkte sind zersplittert und die Digitalwirtschaft ist weit davon entfernt, als global wettbewerbsfähig zu gelten. Der Anspruch, ganz vorne dabei zu sein, wird von Politikern wie Bundeskanzlerin Angela Merkel immer wieder formuliert. Doch die Wirklichkeit sieht in vielen Bereichen eher nach gehobenem Durchschnitt aus.

Die Unterschiede in der Energiepolitik sind frappierend. Frankreich setzt weiter auf Kernenergie, Deutschland steigt aus der Stromproduktion mit Atom und Kohle aus und Polen hält auf absehbare Zeit an der Kohleverstromung fest. Man könnte aus den Unterschieden in der Energiepolitik einen europäischen Energiemix machen. Doch dafür müsste die nationale Souveränität in der Energieversorgung aufgegeben und die Verantwortung von nationaler auf europäische Ebene verschoben werden. Ein Quantensprung in der Energie- und vor allem Klimapolitik wäre möglich. Nur: Es gibt keine politische Mehrheit für eine solche Reform. Für RWE-Chef Rolf Martin Schmitz muss deshalb, wo es möglich und sinnvoll ist, Europa weiter zusammenwachsen. »Potenzial ist ausreichend vorhanden. Energie ist hierfür ein gutes Beispiel«, sagt er. Das Problem, meint er, beim »Energiemix denken die meisten EU-Staaten leider immer noch eher national. Auch unser Leitungsnetz orientiert sich meist noch an nationalen Grenzen. Wo es ein gut eingespieltes Orchester geben sollte, sind unabgestimmte Soli an der Tagesordnung.«

Bei der Verkehrsinfrastruktur nennt Bahn-Chef Richard Lutz ähnliche Herausforderungen: »Der Ausbau der Transeuropäischen Netze ist eine Kernaufgabe der EU, bei der die Anstrengungen von Bund, Ländern, EU und Eisenbahninfrastrukturbetreibern nahtlos ineinandergreifen. Eine leistungsfähige Verkehrsinfrastruktur ist das Rückgrat der Wettbewerbsfähigkeit Europas, ohne die das zukünftige Verkehrswachstum nicht zu bewältigen ist.«

Wir brauchen einen europäischen Digitalmarkt

In der Digitalwirtschaft hat Europa kaum etwas anzubieten. Es gibt weder ein deutsches noch ein europäisches Google. SAP ist mit Abstand der größte Softwarekonzern Europas, weltweit liegt die Techfabrik aus Walldorf unter den wertvollsten Unternehmen nur auf Platz 61. Auf der Weltbühne strahlen neben amerikanischen Datengiganten nur noch chinesische Konzerne. Von der verlängerten Werkbank der Welt sind Chinas Firmen zu technologischen Vorreitern aufgestiegen. Die Zeiten, in denen man technologische Ideen aus der Volksrepublik nicht ernst nehmen musste, sind vorbei. Und es ist naiv zu glauben, dass sich in den nächsten Jahrzehnten etwas ändern wird. Adidas-Chef Kasper Rorsted fordert deshalb: »Es ist an der Zeit, den europäischen Binnenmarkt in das digitale Zeitalter zu übertragen. Die Digitalisierung ist eine große Chance für Europa. Als einer der Megatrends unserer Zeit fördert sie den grenzüberschreitenden Austausch unserer Länder und Bürger und bringt uns alle europaweit näher zusammen. Gleichzeitig ist sie der Hebel, um international wettbewerbsfähig zu bleiben. Die Schaffung eines digitalen europäischen Binnenmarktes ist die Grundvoraussetzung dafür, dass Europa in der ersten Liga spielt.«

China will bei den Zukunftstechnologien wie Künstliche Intelligenz, Robotik oder Maschinellem Lernen nicht nur Weltspitze werden, sondern auch bleiben. Heute stammt nur ein Bruchteil der sogenannten Einhörner, also jene Unternehmen, die mit mehr als einer Milliarde Dollar bewertet werden, aus Europa. Die chinesischen Antworten auf Google oder Amazon, Unternehmen wie Alibaba, Baidu oder Tencent, haben mittlerweile eine Marktkapitalisierung von mehreren Hundert Milliarden Dollar. Davon sind deutsche Digitalfirmen wie Wirecard oder Auto1 weit entfernt.

Das Risiko, dass deutsche und europäische Firmen von chinesischen Konkurrenten übernommen werden, ist real. Mondi-Chef Peter Oswald mahnt: »Länder wie China oder Indien, in denen sich Technologien, Fertigkeiten und Bildungsniveau unglaublich rasant weiterentwickeln, begnügen sich heute verständlicherweise nicht mehr mit ›Billigproduktion‹. Die Regierungen dieser Länder verstehen sich als Türöffner für die verarbeitende Industrie, und für junge Menschen ist eine berufliche Laufbahn in dieser erstrebenswert. Für uns in Europa ist es an der Zeit, an der Vision ›Made in Europe‹ verstärkt zu arbeiten.«

An der derzeitigen Lage wird sich aber kaum etwas ändern, wenn der Breitbandausbau und die 5G-Mobilfunktechnologie nicht schneller vorangebracht werden. Zudem ist es ein großes Missverständnis, wenn sich die Digitalisierung in Deutschland vor allem um die »Old Economy« dreht. Wenn es um Regeln der Digitalisierung geht, werden die in erster Linie von amerikanischen und asiatischen IT-Konzernen gemacht. Und beim digitalen Handel konkurrieren Alibaba und Amazon um die Vormachtstellung. Solange der europäische Dienstleistungssektor so verriegelt bleibt, wird auch keine weltweit wettbewerbsfähige Handelsplattform entstehen.

Damit aus europäischen Online-Firmen wie Zalando Global Player werden können, braucht es nicht zuletzt einen integrierten Kapitalmarkt. Andreas Treichl, Vorstandschef der Erste Group Bank, wünscht sich einen gesamteuropäischen Kapitalmarkt, »der für alle Unternehmenstypen zu einer realen Finanzierungsoption wird. Denn der Kapitalmarkt muss auch den für unsere Wirtschaft so wichtigen kleinen und mittleren Unternehmen zur Verfügung stehen. Gerade für sie können zusätzliche Finanzierungsmöglichkeiten einen enormen Unterschied machen. Um einen globalen Stern zu produzieren, braucht es ein Universum an innovativen, lokalen Sternchen.« Auch die gemeinsame Währung treibt die Wirtschaftsführer um. Die Deutschland-Chefin von HSBC, Carola von Schmettow, fragt, warum die Eurozone so viel schlechter durch die Finanzkrise gekommen ist. Ihre Antwortet lautet: »Oft wird das halbherzige Krisenmanagement als Grund genannt. Das stimmt, doch das ist nur die halbe Wahrheit. Die ganze lautet: Die Währungsunion ist eine unvollendete, ihr fehlt der politische Überbau und damit der Euro-Finanzminister samt Euro-Budget. (…) Um den Euro dauerhaft zum Erfolg zu machen, bedarf es dringend einiger Reformen, die nach der Europawahl anzugehen sind.«

Die Reformen der Währungsunion müssen absolute Priorität haben. Auf Dauer wird der Euro nur dann gegen die Weltwährungen Dollar, Yen und Renminbi bestehen, wenn der europäische Währungsraum an Wettbewerbsfähigkeit gewinnt. Durch den Abschied Großbritanniens haben die Fliehkräfte in Europa zugenommen. Das Machtzentrum Europas wird sich durch den Brexit weiter nach Osten verschieben. Jetzt kommt es drauf an, die Währungsunion politisch und ökonomisch zu stärken, um aufkommenden Zweifel an der Überlebensfähigkeit des Euro entgegenzuwirken. Mehr denn je braucht es ein Europa der zwei Geschwindigkeiten mit einer tief integrierten und politisch einflussreichen Euro-Zone. Um die Glaubwürdigkeit der Währungsunion zu verbessern, sollte eine unabhängige Institution über die Haushaltspläne der Mitgliedstaaten wachen und Verstöße gegen die Schuldenregeln sanktionieren. Notwendig ist auch ein Europäischer Währungsfonds. Warum soll Europa immer auf den Internationalen Währungsfonds warten müssen? Dann muss die Bankenunion so schnell wie möglich vollendet werden, um die Aufsicht aller systemrelevanten Banken sicherzustellen. Eine gemeinsame Einlagensicherung ist angesichts der Widerstände in der

Bevölkerung allerdings genauso wenig wie eine europäische Arbeitslosenversicherung umzusetzen. Deshalb sollte man das Projekt zurückstellen.

Europa wird sich wahrscheinlich nie zu den Vereinigten Staaten von Europa entwickeln. Mit Blick auf die Geschichte Europas ist die damit verbundene Aufgabe nationaler Souveränität nur schwer vorstellbar. Es wäre aber ein großer Gewinn, wenn sich die EU-Länder für eine gemeinsame Sprache entschließen könnten. Eine Amtssprache Englisch hätte, unter Beibehaltung der nationalen Sprachen, viele Vorteile. Einmal würde die Mobilität von Arbeitskräften innerhalb der europäischen Länder deutlich erhöht. Zudem könnte der bürokratische Irrsinn beendet werden, dass EU-Entscheidungen in mehrere nationale Sprachen übersetzt werden müssen. Die USA und China sind ökonomisch auch deshalb so stark, weil in ihren Wirtschaftsräumen eine Sprache gesprochen wird. Das sollte sich Europa zum Vorbild nehmen.

Wir brauchen eine europäische Industriestrategie

Eine Frage, die Politiker wie Unternehmer vor allem beschäftigt, lautet: Wie kann sich Europa unter den neuen Herausforderungen behaupten? Airbus-Chef Tom Enders schlägt vor: »Die europäische Politik muss mit der Wirtschaft an einem Strang ziehen: Europas Ziel muss strategische Souveränität sein.« Als Beispiel nennt er die Raumfahrt. »Ist Europa bereit, in seinen unabhängigen Zugang zum All zu investieren – oder werden wir eines Tages von amerikanischen, russischen oder chinesischen Trägersystemen abhängig sein? In einer Zeit, in der unsere Kommunikation über Satelliten läuft und sogar Rohstoffe im All abgebaut werden, ist dies eine Frage, die Europa schnellstens beantworten sollte.« Die Vorteile überwiegen für solche Investitionen. Nicht nur, dass die Forscher von solchen Projekten profitieren und sie in ihre Arbeit einfließen lassen können. Die internationale Konkurrenz schwärmt schon davon, Rohstoffe im All auszubauen. Und nicht zu vergessen: Über die Satelliten läuft unsere Kommunikation.

In letzter Zeit wurde der Ruf nach europäischen Champions immer lauter – und er ist per se nicht falsch. Bei der von der EU-Kommission abgelehnten Zugfusion von Alstom-Siemens drängt sich jedoch der Eindruck auf, dass Politiker und Wirtschaftsführer sich nicht mehr auf eine gemeinsame Sicht der Weltlage verständigen können. Die einen blicken in die Welt, die anderen schaffen es über den Tellerrand von Europa nicht hinaus. Wenn Europa im internationalen Wettbewerb mithalten will, braucht es eine gesunde Mischung aus kleinen, mittleren und großen Unternehmen, die bereits Weltspitze sind oder es noch werden wollen. Der Rest der Welt beneidet uns zu Recht wegen unseres erfolgreichen Mittelstands. Aber es braucht auch Global Champions. Dabei gibt es zwei Sichtweisen. Die einen meinen, solche wirtschaftlichen Riesen müssen aus sich selbst entstehen – durch beispielloses Wachstum. Die anderen fordern eine Lenkung durch den Staat. Die Politik entscheidet also mit, wer groß werden darf oder nicht. Das kann durchaus erfolgreich sein, wie man in China beobachten kann. Die große Frage ist, ob nicht der Wettbewerb das bessere Instrument ist, um Champions zu schaffen. In Frankreich gibt es gute Beispiele dafür, wie Industriepolitik falsch laufen kann. Der TGV-Hersteller Alstom wurde lange vom Staat gehätschelt. Gebracht hat es nichts. Heute hat dort das amerikanische Unternehmen GE das Sagen. Es geht eben nicht darum, bestehende Strukturen zu erhalten oder zu optimieren, sondern in den Zukunftsfeldern wie Künstlicher Intelligenz aktiv zu sein, wenn der Markt keine befriedigende Lösung bietet. Die Frage dabei ist immer auch, wer das dann macht. Die EU-Kommission oder die Nationalstaaten?

Eine gangbare Lösung wäre es, wenn in der Industriepolitik künftig der EU-Rat eine Entscheidung der EU-Wettbewerbshüter überstimmen könnte. Bundeswirtschaftsminister Peter Altmaier plädiert zu Recht für nationale und europäische Champions, die sich gegen »die großen Player der Welt« durchsetzen können.

Europa braucht einen besseren Umgang mit den Daten

Europa braucht eine Antwort auf die Marktmacht der großen Datenfirmen, die mit den Mitteln des Wettbewerbs- und Kartellrechts erkennbar nicht beherrscht werden können. Der Managing Director und Partner bei Warburg Pincus, René Obermann, warnt in seinem Beitrag: »Wir lernen bekanntlich aus den Daten, die buchstäblich überall entstehen, ob in Social Media, beim Sport, Schlafen, Essen oder Autofahren, im Betrieb von Industrieanlagen, Turbinen, in der Landwirtschaft oder der Medizin. Genauer gesagt, nicht wir allein, sondern diejenigen lernen, die unsere Daten analysieren. Im Bereich solcher ›Analytics‹ nutzen selbst große europäische Konzerne amerikanische Plattformen wie die von Microsoft, Google oder Palantir. Es gibt eben derzeit keine starken Alternativen aus Europa. Was das auf Dauer bedeutet, ist klar. Große Teile der Wertschöpfung wandern dorthin, wo die Erkenntnisse aus diesen Daten genutzt werden können.«

Telekom-Chef Tim Höttges fordert eine europäische Cloud. »Es ist beinahe schon ein Allgemeinplatz, dass Daten der Rohstoff der Digitalisierung sind. Wir wissen aber auch, dass die eigentliche Wertschöpfung immer dort stattfindet, wo die Rohstoffe veredelt werden. Beim Thema Daten geschieht dies heute fast ausschließlich außerhalb Europas.«

Für Ralf Wintergerst, Vorsitzender der Geschäftsführung von Giesecke+Devrient ist klar: »Um leistungsfähig zu bleiben, um in der Weltliga der Wirtschaft mitzuspielen, um auf digitalen Plattformen eine Rolle zu spielen, braucht es eine Bündelung der Kräfte im gesamten europäischen Wirtschaftsraum«. Dazu benötige Europa eine klare und aktive Industriepolitik mit konkreten Ergebnissen und einer Fokussierung auf Zukunftstechnologien. »Die heutige Kleinteiligkeit und Kompromissbildung in der Wirtschaftspolitik dienen kaum einer Stärkung der europäischen Wirtschaft, und verkennen die ungeheuren Potenziale, über die sie verfügt«, schreibt er.

Vor allem darf die Politik nicht nur laufend über einen gemeinsamen Digitalmarkt reden, sondern muss von Andalusien bis nach Lappland einen solchen Markt schaffen. Deutschland und Frankreich haben den Aachener Vertrag abgeschlossen und damit implizit ein Europa der mehreren Geschwindigkeiten ausgerufen. Das mag für politische Entscheidung gut sein. Aber in der Wirtschaft müssen alle mitmachen. Der Erfolg des europäischen Binnenmarktes ist es, dass es überall vergleichbare Standards gibt. Das muss auch beim Digitalmarkt gelten. Es reicht nicht, wenn Paris und Berlin Regeln aufstellen. Das ist schön, aber 140 Millionen sind eben weniger als 400 Millionen Konsumenten ohne Großbritannien. Da verschenkt man riesiges Potenzial.

Für den erfolgreichen Mehrfach-Gründer Frank Thelen wäre schon »ein vereinfachtes Patentrecht wünschenswert, das in erster Linie jungen Unternehmen helfen könnte, die noch keine großen, darauf spezialisierten Rechtsabteilungen haben. In der Praxis sieht das aber ganz anders aus. Die Schlagzeilen beherrschen das Netzwerkdurchsetzungsgesetz oder die Datenschutzgrundverordnung.

Für die Bürger bedeutet das wenig, für viele Unternehmen jedoch zusätzliche Lasten.

Wir brauchen Bildung, die den Namen verdient

Europa ist ein Kontinent voller Möglichkeiten. Mit gut ausgebildeten Menschen, mit visionären Gründern und vorbildlichen Unternehmern. Familienunternehmer Reinhold Würth schlägt vor: »Die Europäische Union müsste viel Geld in die Hand nehmen, um mit soliden, professionellen Werbekampagnen die Bürger über die so positiven Seiten der Europäischen Union aufzuklären. In den Lehrplänen aller Schulen in der Europäischen Union müsste im Geschichts- und Gemeinschaftskundeunterricht der Vorgeschichte, der Basis der Entwicklung und vor allem der Zukunft der Europäischen Gemeinschaft viel mehr Raum zugestanden werden.«

Für KfW-Vorständin Ingrid Hengster ist gute Bildung ohnehin eine unabdingbare Voraussetzung, »damit wir gemeinsam in Europa entscheiden können, in welcher Gesellschaft wir künftig leben wollen.« Allen Anstrengungen der Politik zum Trotz leide das Bildungssystem in Europa, nicht zuletzt das deutsche, unter chronischer Unterausstattung und strukturellen Problemen. An verstärkten Investitionen in Schulen wie Spitzenforschung führe kein Weg vorbei. »Wenn Veränderungen und Forschergeist unseren Kontinent geprägt haben und Bildung einer der Schlüssel zur Bewältigung der vor uns liegenden Herausforderungen ist, dann ist es ein Gebot der Vernunft, dieses Erbe gemeinsam zu nutzen.«

Der Fachkräftemangel hat sich in vielen europäischen Ländern zu einem ernsten Problem entwickelt. Es gibt Arbeit, aber keine Arbeiter mit der richtigen Qualifikation. Mittlerweile ist die Zahl der offenen Stellen allein in Deutschland auf mehr als eine Million gestiegen. Tendenz steigend. Wenn Europa die digitale Transformation ohne große soziale Verwerfungen meistern will, ist jetzt eine Offensive für Weiterbildung nötig.

Nur: Nachhaltige Vorschläge, wie die permanente Weiterbildung von Menschen realisiert werden kann, fehlen. Der Staat überlässt es dem Zufall beziehungsweise dem guten Willen der Unternehmen, ob und wie viel in die Weiterbildung von Mitarbeitern investiert wird. Ein sinnvoller Ansatz ist die Einführung eines Steuerbonus für Weiterbildung. Der Staat sollte nicht nur Geld für die digitale Infrastruktur ausgeben, sondern auch Investitionen in die Köpfe der Arbeitnehmer fördern. Unternehmen, die ihre Mitarbeiter für die digitale Zukunft qualifizieren, sollten steuerlich entlastet werden, beispielsweise über eine Steuergutschrift, die mit der Steuerschuld des Unternehmens verrechnet wird. Davon profitieren nicht nur die Unternehmen und deren Mitarbeiter, sondern auch der Staat, weil weniger Mitarbeiter wegen mangelnder Qualifikation entlassen würden. Die Wettbewerbsfähigkeit der deutschen Wirtschaft lässt sich schließlich nicht nur durch eine Senkung der Unternehmenssteuersätze steigern. Unternehmen werden auch dadurch stärker, dass sie über die richtig ausgebildeten Mitarbeiter verfügen. Politisch könnte sich eine solche Steuerreform als nachhaltiges Anti-Populismus-Programm erweisen. Je weniger Menschen sich vor einem möglichen Jobverlust fürchten, desto schneller schrumpft der Zuspruch zu den Protestparteien in Europa.

Bei dieser Europawahl wird viel über Populisten und Nationalisten geschrieben werden. Zu Recht, sie sind die größte Gefahr für die Einheit Europas. Wir dürfen allerdings nicht warten, bis die Politik in die Gänge kommt oder irgendjemand sich bequemt, ihr einen roten Teppich auszurollen, bis sie sich an die Arbeit macht.

Europa kann es besser – und damit den Feinden Europas den Wind aus den Segeln nehmen. Das haben die Autorinnen und Autoren gezeigt. Jetzt heißt es loszulegen, damit viele Bürger Mut und Optimismus in Bezug auf Europa zurückgewinnen. Es dürften dadurch schwierige Debatten auf uns zu kommen. Wenn sie mit Maß und Mitte geführt werden, sollten wir sie nicht scheuen. Wir müssen über die Zukunft Europas reden, bevor es die Populisten für uns tun.

DIE HERAUSGEBER

Sven Afhüppe, geboren 1971, ist seit Januar 2015 Chefredakteur des *Handelsblatts* in Düsseldorf und assoziiertes Mitglied der Geschäftsführung der Handelsblatt Media Group. Afhüppe studierte Volkswirtschaftslehre in Münster. Nach dem Studium absolvierte er ein Volontariat an der Georg von Holtzbrinck-Schule für Wirtschaftsjournalismus. Seine journalistische Tätigkeit begann er 1999 als Hauptstadtkorrespondent bei der *WirtschaftsWoche*, später folgte *Der Spiegel*, seit 2006 ist Afhüppe beim *Handelsblatt*. Unter seiner Leitung wurde das *Handelsblatt* 2018 im Rahmen des European Newspaper Awards als »beste Zeitung Europas« ausgezeichnet.

Thomas Sigmund, geboren 1966, arbeitet seit über 20 Jahren als politischer Korrespondent. Sigmund ist Volljurist und Politologe und schrieb für mehrere Tageszeitungen und Magazine über politische und ökonomische Fragen. Seit 2013 ist er Ressortleiter Politik und Leiter des Hauptstadtbüros des *Handelsblatts*. Sigmund verantwortet die Berichterstattung über das Kanzleramt und die Europapolitik Angela Merkels. 2017 erschien sein Buch »Allein unter Feinden? Was der Staat für unsere Sicherheit tut – und was nicht« (Verlag Herder). Sigmund ist verheiratet und hat eine Tochter.

DIE AUTORINNEN UND AUTOREN

Dr. Hannes Ametsreiter, geboren am 20. Januar 1967. Seit dem 1. Oktober 2015 CEO von Vodafone Deutschland und zugleich Mitglied des Konzernvorstandes (Executive Committee) der weltweiten Vodafone Gruppe. Der gebürtige Salzburger ist ein renommierter Telekommunikationsmanager mit mehr als 20-jähriger Erfahrung. Er hat die Positionierung von Vodafone als Gigabit-Company geprägt und das Unternehmen durch die weitere Integration von Mobilfunk, Festnetz, Internet und TV sowie attraktive Produkte und immer höhere Geschwindigkeiten wieder zurück auf Wachstumskurs gebracht. Vor seinem Einstieg bei Vodafone war er sechs Jahre lang Vorstandsvorsitzender und Group CEO der Telekom Austria Group (die in acht Ländern agiert) sowie CEO der A1 Telekom, die aus dem Zusammenschluss der Mobilkom Austria AG und der Telekom Austria TA AG entstanden ist. Der Deutschlandchef von Vodafone ist verheiratet und Vater von zwei Töchtern.

Werner Baumann, geboren am 6. Oktober 1962 in Krefeld, studierte Wirtschaftswissenschaften in Aachen und Köln und trat 1988 in die Bayer AG ein. 1991 ging er als Controller zur Bayer Hispania Comercial nach Barcelona, Spanien und 1996 zur Bayer Corporation nach Tarrytown, USA. Im Juli 2002 kehrte Baumann nach Deutschland zurück und wurde Mitglied des Executive Committees und Leiter Central Administration & Organization von Bayer HealthCare. Im Oktober 2003 erfolgte die Berufung in den Vorstand des neu gegründeten Teilkonzerns Bayer HealthCare AG. 2010 wurde Baumann zum Finanzvorstand der Bayer AG ernannt. 2014 bis zu seiner Ernennung zum Vorstandsvorsitzenden (CEO) der Bayer AG am 1. Mai 2016 war er im Konzernvorstand für die Bereiche Strategie und Portfoliomanagement und darüber hinaus für die Region Europa, Naher Osten und Afrika zuständig. Von April bis Ende Dezember 2015 war Baumann zusätzlich Vorsitzender des Vorstands der Bayer HealthCare AG. Werner Baumann ist verheiratet und hat vier Kinder.

Dr. Markus Braun, geboren 1969. Braun studierte Wirtschaftsinformatik an der Technischen Universität Wien und promovierte 2000 an der Universität Wien in Sozial- und Wirtschaftswissenschaften. Er ist der CEO von Wirecard. Bevor Braun 2002 in den Vorstand wechselte, war er als eStrategy Project Manager bei KPMG in München tätig. Unter seiner Führung wurde Wirecard zu einem weltweit erfolgreichen Anbieter von digitalen Zahlungslösungen und 2018 in den DAX aufgenommen. Als CEO ist Braun verantwortlich für die Definition der Vision von Wirecard sowie die Kommunikation der enormen Chancen, welche die Digitalisierung den Kunden von Wirecard bietet. Als weltweit führender Anbieter von innovativen digitalen Finanztechnologien bietet Wirecard sowohl Geschäftspartnern als auch Verbrauchern ein ständig wachsendes Ökosystem rund um den innovativen digitalen Zahlungsverkehr durch einen integrierten B2B2C-Ansatz.

Dr. Martin Brudermüller, geboren 1961 in Stuttgart, ist Vorsitzender des Vorstands und Chief Technology Officer (CTO) der BASF SE. Brudermüller war ab 2011 stellvertretender Vorstandsvorsitzender und ist seit 2015 Chief Technology Officer (CTO) der BASF SE. Bereits seit dem Jahr 2006 ist er Mitglied des Vorstands und war währenddessen auch für die Region Asien-Pazifik sowie für den Bereich Performance Materials verantwortlich. Brudermüller studierte

Chemie an der Universität Karlsruhe, wo er 1987 promovierte. Anschließend absolvierte er einen Postdoc-Aufenthalt an der University of California, Berkeley, USA. Seine Laufbahn bei BASF begann er 1988 im Ammoniaklabor. Von 1993 bis 1995 arbeitete er im New Business Development/Marketing im Unternehmensbereich Zwischenprodukte. 1995 wechselte er zur BASF Italia Spa, Mailand. Anschließend arbeitete er im Stab des stellvertretenden Vorstandsvorsitzenden und war von 1999 an Director für die Produktion fettlöslicher Vitamine im Unternehmensbereich Feinchemie.

Dr. Wolfgang Eder, geboren 1952, ist Vorstandsvorsitzender der voestalpine AG. Nach dem Rechtsstudium begann er 1978 seine Laufbahn im damaligen Voest-Alpine-Konzern. Nach erfolgreicher Koordination des Börsenganges wurde er 1995 in den Vorstand berufen, seit dem 1. April 2004 leitet er den Konzern. Sein aktueller Vertrag läuft bis 3. Juli 2019. Danach wird der Aufsichtsrat der Hauptversammlung 2019 empfehlen, Eder als neuen Vertreter der Anteilseigner in den Aufsichtsrat der voestalpine AG zu wählen. Bei erfolgreicher Zuwahl könnte er zwei Jahre später den Aufsichtsratsvorsitz übernehmen. Von 2009 bis Mai 2014 war Eder fast fünf Jahre Präsident des europäischen Stahlverbands Eurofer. Von Oktober 2014 bis Oktober 2016 stand er als erster Präsident für zwei aufeinanderfolgende Amtsperioden dem Weltstahlverband worldsteel vor. Er ist auch Mitglied in den Aufsichtsräten der Oberbank AG, Linz sowie der Infineon Technologies AG, München.

Dr. Thomas (»Tom«) Enders wurde am 1. Juni 2012 zum Chief Executive Officer (CEO) der Airbus S.E. (bis 1.1.2014 EADS; bis 1.1.2017 Airbus Group) ernannt. Zuvor war er seit 2007 CEO der Zivilflugzeugsparte von Airbus und in den Jahren 2005 bis 2007 Co-CEO von EADS. Von 2000 bis 2005 leitete er die Verteidigungssparte des Konzerns. Seit der Gründung der Airbus S.E. im Jahr 1999 gehört er dem Executive Committee an. Von 2005 bis 2012 war er zudem Präsident des Bundesverbandes der deutschen Luft- und Raumfahrtindustrie (BDLI). Von 2005 bis 2009 war er Vorsitzender der Atlantik-Brücke e. V. Im Jahr 2014 trat er in den Beirat der Münchner Sicherheitskonferenz und den Senat der Max-Planck-Gesellschaft ein. Tom Enders ist Schirmherr der Stiftung Mayday, die in Not geratene Luftfahrer und deren Angehörige unterstützt. Er ist Mitglied im Präsidium des Bundesverbands der Deutschen Industrie (BDI) (seit 2009) und des Aufsichtsrates der Linde AG (seit 2017).

Ignacio S. Galán ist Vorsitzender und Geschäftsführer von Iberdrola sowie Vorsitzender der Tochtergesellschaften der Iberdrola-Gruppe. Seit er 2001 zu Iberdrola kam, hat Galán den Energieversorger zu einem der fünf größten der Branche weltweit gemacht. Galán studierte an der Ingenieurfakultät (ICAI) der Päpstlichen Universität Comillas in Madrid und schloss als Wirtschaftsingenieur ab. Derzeit ist er Gastprofessor an der Universität Strathclyde, Vorsitzender des Sozialrates der Universität Salamanca und Schirmherr der Universitätsstiftung der Ingenieurfakultät der Päpstlichen Universität Comillas. Galán ist ferner Aufsichtsratsmitglied des Massachusetts Institute of Technology (MIT). Ignacio Galán ist zudem Mitglied der Arbeitsgruppe Elektrizität des Weltwirtschaftsforums in Davos, deren Vorsitz er in der Vergangenheit innehatte, sowie Mitglied des Lenkungsausschusses des European Round Table of Industrialists (ERT).

Angelika Gifford, geboren 1965 in Essen, studierte Betriebswirtschaft. Sie ist Mitglied im Aufsichtsrat der TUI AG, Hannover, der ProSiebenSat.1 Media SE in Unterföhring und der Rothschild & Co., Paris. Bis Ende 2018 war Gifford Geschäftsführerin der

Hewlett-Packard Deutschland GmbH (HP) in Böblingen und verantwortete den Bereich Software und Digitalisierung für den deutschsprachigen Raum. Vor ihrem Wechsel zu HP war Gifford in diversen Führungspositionen bei Microsoft im In- und Ausland tätig. So leitete sie zum Beispiel den Bereich Informations- und Datensicherheit für Europa, den Mittleren Osten und Afrika. Außerdem betreute sie als Mitglied der Geschäftsleitung von Microsoft Deutschland die Kundengruppe Öffentliche Hand. Angelika Gifford wurde 2009 durch eine unabhängige Jury zur Managerin des Jahres gekürt und zählt heute zu den einflussreichsten Managern der Digitalbranche in Deutschland. Als Vorstandsmitglied der Atlantik-Brücke e. V. setzt sie sich für den transatlantischen Dialog und Zusammenarbeit ein. Angelika Gifford hat drei Kinder.

Dr. Jürgen Großmann, geboren 1952 in Mülheim an der Ruhr, studierte Eisenhüttenwesen und Betriebswirtschaft in Deutschland und den USA. Seine Diplomarbeit schrieb er in Brasilien, seine Doktorarbeit an der Technischen Universität Berlin. Mit 28 fing Großmann bei den Klöckner-Werken an, wo er im Laufe der Zeit bis in den Vorstand aufstieg. Im Alter von 41 Jahren übernahm er für symbolische zwei Mark das bankrotte Stahlwerk Georgsmarienhütte. Diese baute er im folgenden Jahrzehnt zu einer Gruppe mit über 30 Gesellschaften, mehreren Milliarden Euro Umsatz und derzeit 7000 Beschäftigten aus. 2013 gründete er gemeinsam mit Wolfgang Schüssel den gemeinnützigen Verein United Europe e.V. Er ist Vorsitzender des Aufsichtsrates der SURTECO SE, Kuratoriumsvorsitzender der RAG-Stiftung, Mitglied des Aufsichtsrats von Hanover Acceptances Ltd. London und Mitglied im The Holdingham International Advisory Board, London. Jürgen Großmann ist mit der Musikverlegerin Dagmar Sikorski verheiratet. Das Paar hat drei erwachsene Kinder.

Matthias Hartmann ist seit Januar 2018 Vorsitzender der Geschäftsführung IBM Deutschland GmbH sowie General Manager Deutschland, Österreich, Schweiz bei IBM. Zuvor war er als Mitglied im Digitalen Beirat der Postbank, Senior Advisor im Bereich digitaler Transformation und geschäftsführender Gesellschafter der mkh assets GmbH tätig. Vor dieser Tätigkeit war er Vorstandsvorsitzender der GfK SE, einem weltweit führenden Unternehmen der Marktforschung. Bis 2011 war Matthias Hartmann als Global Management Board Member bei IBM, New York, weltweit verantwortlich für die Branchenberatung des Consultingbereichs sowie die Strategie von IBM Global Business Services. In seinen 25 Jahren bei IBM war er in verschiedenen Management-Positionen im Dienstleistungsbereich für Business Development, Strategie und Change-Management verantwortlich. Von 2005 bis 2009 war er Geschäftsführer der IBM Deutschland, zuständig für den Consulting-Bereich IBM Global Business Services. Matthias Hartmann ist verheiratet und hat drei Kinder.

Dr. Ingrid Hengster begann ihre Karriere nach einem Studium der Rechtswissenschaft und der Promotion an der Universität Salzburg bei der Commerzbank, für die sie zuletzt als stellvertretende Leiterin die Bereiche Privatisierung und Projektfinanzierung verantwortete. Über Stationen bei der UBS und bei der Credit Suisse First Boston kam sie 2005 zur ABN AMRO. Bis März 2014 war sie Country Executive Germany, Austria und Switzerland der Royal Bank of Scotland und Vorstandsvorsitzende der RBS (Deutschland) AG. Seit April 2014 ist sie Mitglied des Vorstandes der KfW Bankengruppe und für die inländischen Finanzierungen und Umwelt zuständig. Daneben hat sie Aufsichtsratsmandate bei der ThyssenKrupp AG, der Deutschen Bahn AG sowie der DB Mobility Logistics AG und ist Sachverständige des Verwaltungsrats der Europäischen Investitionsbank. Hengster ist Mitglied des Vorstands der Atlantik-Brücke e. V. und stellvertretende Sachverständige des Verwaltungsrats der Europäischen Investitionsbank, Luxemburg.

Antti Herlin, geboren 1956, ist Vorstandsvorsitzender der KONE Corporation, einem der weltweit führenden Hersteller von Aufzügen und Rolltreppen. Darüber hinaus ist er Vorsitzender und Vorstandsmitglied mehrerer privater und öffentlicher Unternehmen sowie Vorsitzender oder Vorstandsmitglied verschiedener gemeinnütziger Stiftungen. Er ist zudem ehemaliger Vorsitzender des Verbandes der Finnischen Industrie (Elinkeinoelämän Keskusliitto EK) sowie der Technology Industries of Finland. Antti Herlin wurde mit mehreren Ehrendoktoraten ausgezeichnet. Das an der Börse Helsinki notierte Unternehmen KONE gehört seit 1924 zur Familie Herlin. Damals kaufte Antti Herlins Urgroßvater Harald das Unternehmen von Strömberg, das heute zum internationalen ABB-Konzern gehört. 1964 übergab Heikki das Unternehmen an seinen Sohn Pekka Herlin, der KONE bis 2003 als Vorstandsvorsitzender leitete. Pekkas Sohn Antti war von 1996 bis 2006 als CEO tätig.

Timotheus Höttges, geboren am 18. September 1962. Studium der Betriebswirtschaftslehre in Köln. Seit Januar 2014 Vorstandsvorsitzender der Deutschen Telekom AG. Von 2009 bis zu seiner Berufung zum Vorstandsvorsitzenden leitete er im Telekom-Vorstand das Ressort Finanzen und Controlling. Von Dezember 2006 bis 2009 war er für den Bereich T-Home zuständig, zu dem das Festnetz- und Breitbandgeschäft gehörte. Von 2005 bis zu seiner Berufung in den Konzernvorstand war Höttges im Vorstand der T-Mobile International für das Europageschäft zuständig. Höttges ist Mitgründer der Bürgerstiftung Rheinviertel, die sich sozialen und karitativen Aufgaben im Bonner Rheinviertel widmet.

223

Dr. Richard Lutz, geboren am 6. Mai 1964 als Sohn einer Eisenbahnerfamilie. Nach dem Studium der Betriebswirtschaftslehre arbeitete er zunächst als wissenschaftlicher Mitarbeiter am Lehrstuhl für Betriebswirtschaftslehre an der Universität Kaiserslautern, wo er 1998 promovierte. Seit 1994 ist Richard Lutz bei der Deutschen Bahn AG tätig. 2003 übernahm er die Leitung des Bereichs Konzerncontrolling. Im April 2010 wurde Richard Lutz zum Vorstand Finanzen und Controlling berufen. Diese Position verantwortete er bis Ende 2018. Richard Lutz ist seit März 2017 Vorsitzender des Vorstands der DB AG. Sein besonderes Augenmerk liegt auf der Transformation der DB, die er gemeinsam mit seinem Vorstandsteam konzernweit vorantreibt. Das Ziel ist ebenso klar wie ehrgeizig: die Deutsche Bahn in all ihren Facetten und mit all ihren Vorzügen und Chancen erfolgreich in die Zukunft zu führen. Richard Lutz ist verheiratet und hat drei erwachsene Kinder.

Simone Menne, geboren in Kiel, wo sie auch Schule und Universität absolvierte. Nach dem Studium der Betriebswirtschaftslehre begann sie ihre Karriere beim amerikanischen Unternehmen ITT und wechselte 1989 zur Deutschen Lufthansa. Nach verschiedenen Positionen im In- und Ausland, darunter als CFO bei British Midland, wurde sie 2012 als CFO der LH Group ernannt. Von 2016 bis 2017 war sie als CFO bei Boehringer Ingelheim tätig. Simone Menne ist Aufsichtsrätin bei BMW, DPDHL, Johnson Controls International und Springer Nature. Sie ist Mitglied der Börsensachverständigenkommission und des DRSC.

Tina Müller, geboren 1968 in Bad Neuenahr-Ahrweiler, ist seit November 2017 Vorsitzende der Geschäftsführung (CEO) der Douglas GmbH. Zuvor verantwortete sie von 2013 bis 2017 als Geschäftsführerin Marketing und Chief Marketing Officer

(CMO) der Opel Automobile GmbH die gesamte strategische Marken- und Produktführung des Automobilherstellers. Nach ihrem Studium der BWL und VWL an den Universitäten Trier und Lyon begann Tina Müller 1993 ihre Karriere in der Kosmetikbranche beim Kosmetikkonzern L'Oréal. Ein Jahr später wechselte sie zur Wella AG nach Darmstadt, bevor sie 1995 beim Konsumgüterhersteller Henkel KGaA einstieg. Dort war sie 17 Jahre unter anderem als Corporate Senior Vice President und als Chief Marketing Officer (CMO) im Bereich Beauty Care tätig und als Regional President für die Region Westeuropa verantwortlich. 2017 wurde Tina Müller vom Handelsblatt als Aufsteigerin des Jahres ausgezeichnet und 2018 bereits zum dritten Mal in die Liste der 100 einflussreichsten Managerinnen aufgenommen, die das manager magazin gemeinsam mit der Unternehmensberatung Boston Consulting Group jährlich veröffentlicht. 2017 wurde Tina Müller vom *Handelsblatt* als Aufsteigerin des Jahres ausgezeichnet und 2018 in die Liste der 100 einflussreichsten Managerinnen aufgenommen.

René Obermann, geboren am 5. März 1963. Seit Februar 2015 ist Obermann Partner bei Warburg Pincus, einem führenden US-basierten Private Equity Unternehmen, sowie Geschäftsführer der Warburg Pincus Deutschland GmbH in Berlin. Er ist Aufsichtsratsvorsitzender der 1&1 Internet Holding SE sowie Aufsichtsratsmitglied der Inexio KGaA. Des Weiteren ist René Obermann Aufsichtsratsmitglied der Airbus SE, Allianz Deutschland AG und Telenor ASA sowie Mitglied des Herausgeberrates der *Zeit*. Parallel zum Studium der Volkswirtschaftslehre gründete er 1986 ein eigenes Unternehmen in Münster: ABC Telekom. Von 1998 bis 2013 war René Obermann bei der Deutschen Telekom tätig. Ab Januar 2014 arbeitete er als CEO von Ziggo BV in den Niederlanden bis zur Fusion mit Liberty Global's UPC im November. Von 2007 bis 2013 war René Obermann auch Vizepräsident des Bundesverbandes Informationswirtschaft, Telekommunikation und neue Medien (BITKOM).

Peter Oswald, geboren 1962 in Oberösterreich, studierte Betriebswirtschaftslehre und Rechtswissenschaften an der Uni Wien. Nach Stationen beim Motorradhersteller KTM und der Deutschen Bank trat Peter Oswald 1992 in die Mondi Gruppe ein. Im Jahr 2002 wurde er zum CEO Mondi Packaging ernannt. Nach dem Börsengang der Mondi Gruppe berief man ihn 2008 in die Mondi Group Boards (UK, Südafrika) als CEO Mondi Europe & International Division, die alle Bereiche der ehemaligen Mondi Packaging und Mondi Business Papier außerhalb Afrikas umfasste. Seit Mai 2017 ist Oswald Chief Executive Officer der Mondi Gruppe. 2013 wurde er in der Papierindustrie zum European und Global CEO of the Year gewählt. 2015/16 war er Aufsichtsratsvorsitzender des österreichischen Ölunternehmens OMV. Er ist verheiratet und hat drei erwachsene Kinder.

Prof. Jörg Rocholl, Ph.D., geboren 1973, ist Präsident der ESMT Berlin. Er ist darüber hinaus stellvertretender Vorsitzender des Wissenschaftlichen Beirats des Bundesfinanzministeriums sowie stellvertretender Vorsitzender des Vereins für Socialpolitik. Professor Rocholl hat an der Universität Witten/Herdecke Wirtschaftswissenschaften studiert. Nach seiner Promotion an der Columbia University in New York wurde er zum Assistant Professor an die University of North Carolina in Chapel Hill berufen. Rocholl forscht und lehrt seit 2007 an der ESMT und wurde 2011 zum Präsidenten der ESMT ernannt. Seit 2010 ist er Inhaber des EY Chair in Governance und Compliance.

Kasper Rorsted, geboren am 24. Februar 1962. Der gebürtige Däne hat Wirtschaft in Kopenhagen studiert und nach seinem Studium seine berufliche Karriere bei amerikanischen IT-Konzernen wie Oracle, Compaq und Hewlett-Packard begonnen. 2005 wechselte Kasper Rorsted zu Henkel, wo er von 2008 bis 2016 Vorstandsvorsitzender war. Seit 2016 ist Rorsted CEO der adidas AG. Kasper Rorsted ist ein begeisterter Sportler und leidenschaftlicher Fan des FC Bayern München. Er ist verheiratet und hat vier Kinder.

Christian Sewing, geboren 1970, ist seit dem 1. Januar 2015 Mitglied des Vorstands der Deutschen Bank. Seit April 2018 ist er Vorstandsvorsitzender. Christian Sewing trat 1989 in die Deutsche Bank ein. Von Januar bis Juni 2015 war er im Vorstand für Recht (Legal), Incident Management Group und die Konzernrevision (Group Audit) verantwortlich, danach übernahm er die Zuständigkeit für die Privat- und Firmenkundenbank (inklusive Postbank). Von Juni 2013 bis Dezember 2014 leitete er die Konzernrevision. Davor bekleidete er eine Reihe von Führungspositionen im Risikomanagement – neben Frankfurt auch an Standorten wie Singapur, Toronto, Tokio und London. Von 2012 bis 2013 war er Deputy Chief Risk Officer und zuvor, von 2010 bis 2012, Chief Credit Officer der Bank. Vor seinem berufsbegleitenden Studium an der Bankakademie Bielefeld und Hamburg absolvierte er 1989 eine Ausbildung zum Bankkaufmann bei der Deutschen Bank.

Carola von Schmettow, geboren 1964, durchlief eine in der deutschen Bankenlandschaft ungewöhnliche Karriere. Sie studierte Mathematik und Gesang, bevor sie 1992 im Wertpapierhandel bei HSBC Trinkaus einstieg, deren Chefin sie 23 Jahre später werden sollte. Das für eine Bankerin in den 1990er Jahren ungewöhnliche Profil zahlte sich rasch aus. Denn die damals stark in Mode gekommenen Derivate waren mit mathematischen Vorkenntnissen besser zu verstehen, besser zu bewerten. Und so machte sich Carola von Schmettow bald einen Namen im Risikomanagement. Schon drei Jahre nach Eintritt in die Bank leitet sie den Geschäftsbereich, der Geldhandel, Wertpapierleihe und Repos verantwortete. Es folgten weitere Beförderungen, bis sie 1999 den Vorsitz in der Geschäftsführung der Fondstochter von HSBC in Deutschland übernahm. Mit dem Rechtsformwechsel in eine Aktiengesellschaft wurde Carola von Schmettow 2006 Mitglied des Vorstands der Bank, die sich inzwischen HSBC Deutschland nennt.

Dr. Rolf Martin Schmitz, geboren 1957 in Mönchengladbach, studierte an der RWTH Aachen Ingenieurswissenschaften. Nach seiner Promotion zum Dr.-Ing. im Jahr 1985 arbeitete er bei der Steag AG und der VEBA AG. Von 1998 bis 2001 war Dr. Schmitz als Mitglied des Vorstands für die rhenag Rheinische Energie AG tätig. Es folgten Vorstandstätigkeiten für die Thüga AG und die Übernahme des Postens als Vorsitzender der Geschäftsführung der E:ON Kraftwerke GmbH. 2006 wechselte er zur RheinEnergie AG und wurde dort Vorsitzender des Vorstandes. Seit 2009 arbeitet Dr. Schmitz für die RWE AG. Dort übernahm er verschiedene Aufgaben, zunächst als Chief Operating Officer, ab 2010 als Vorstand Operative Steuerung und ab 2012 als stellvertretender Vorstandsvorsitzender. Seit Oktober 2016 ist Dr. Rolf Martin Schmitz Vorstandsvorsitzender der RWE AG.

Dr. Wolfgang Schüssel, geboren am 7. Juni 1945, war von 2000 bis 2007 Bundeskanzler der Republik Österreich. Vor seiner Zeit als Kanzler amtierte Schüssel in verschiedenen Bundesregierungen als Wirtschaftsminister, Außenminister und Vizekanzler. 1995 hatte er den Vorsitz der Österreichischen Volkspartei übernommen.

Bei den Wahlen 2002 erzielte sie ihr bestes Ergebnis in fast vier Jahrzehnten und wurde stärkste Partei im Nationalrat. Nach Ende seiner Regierungszeit gehörte Schüssel noch vier Jahre lang – bis 2011 – dem Nationalrat an. Gemeinsam mit Jürgen Großmann gründete er 2013 den gemeinnützigen Verein United Europe e.V. Er ist Präsident der Österreichischen Gesellschaft für Außenpolitik und die Vereinten Nationen, Vorsitzender des Kuratoriums der Konrad-Adenauer-Stiftung, Kuratoriumsmitglied des Instituts für Demoskopie Allensbach und Aufsichtsratsmitglied von RWE und MTS. Der gebürtige Wiener besuchte in seiner Heimatstadt das renommierte Schottengymnasium, bevor er Volkswirtschaft und Rechtswissenschaften studierte.

Dr. Johannes Teyssen hat seit 1989 bei E.ON und Vorgängerunternehmen in verschiedenen Funktionen Führungsverantwortung wahrgenommen. Seit 2004 ist er Mitglied des Vorstands, dessen Vorsitz er 2010 übernahm. Unter seiner Führung wurde der frühere integrierte Energieversorger völlig neu ausgerichtet: 2016 wurden die konventionellen Kraftwerke und verwandte Aktivitäten in das neue Unternehmen Uniper abgespalten, das sich seitdem mit Erfolg entwickelt. E.ON fokussiert sich seither auf erneuerbare Energien, Verteilnetze und Kundenlösungen. 2018 wurde mit RWE eine Neuordnung der Geschäfte beider Unternehmen vereinbart. Nach der geplanten Übernahme der RWE-Tochter Innogy im Jahre 2019 und weiteren Transaktionen wird sich E.ON in Zukunft als einziges europäisches Energieunternehmen mit intelligenten Netzen und innovativen Kundenlösungen ganz auf die Kunden konzentrieren.

Frank Thelen ist ein europäischer Seriengründer und TV-Investor. Seit 1994 gründet und leitet er technologie- und designgetriebene Unternehmen. Seinen ersten Durchbruch landete er mit der Gründung von ip.labs, dem Weltmarktführer für Online-Fotoservices, den er 2008 an Fujifilm verkaufte. Thelens Produkte erreichen mehr als 200 Millionen Konsumenten in über 60 Ländern. Seit 2010 investiert er gemeinsam mit seinen Geschäftspartnern Marc Sieberger und Alex Koch in Start-ups, darunter MyTaxi (heute Daimler), Wunderlist (heute Microsoft) und kaufDa (heute Axel Springer). Seine Risikokapitalfirma Freigeist Capital konzentriert sich heute auf Frühphasen-Investments in Tech-Start-ups. Seit 2014 ist Thelen Teil der von Sony produzierten Primetime-Fernsehsendung »Shark Tank«. 2018 veröffentlichte er mit 42 Jahren seine Autobiografie »Startup-DNA«, die neun Wochen unter den Top 20 der *Spiegel*-Bestsellerliste war.

Andreas Treichl, geboren 1952, ist Vorstandsvorsitzender der Erste Group Bank AG. Unter seiner Leitung gelang der Umbau der bis dahin rein lokal agierenden Sparkasse zu einer führenden zentraleuropäischen Privat- und Firmenkundenbank und, nachdem die Bank Austria verkauft wurde, zur größten österreichischen Bank. Größter Aktionär der Erste Group ist die ERSTE Stiftung, die Treichl als Vorstandsvorsitzender bis 2012 geführt hatte. Ihre Aktivitäten, die sich auf die Region Zentral- und Osteuropa, in der die Erste Group tätig ist, konzentrieren, umfassen Programme in den Bereichen Soziale Integration, Kultur und Europa. Mit seinem Ausscheiden aus dem Vorstand der Erste Group zum Jahreswechsel 2019/2020 wird er als Vorsitzender des Aufsichtsrats in die Erste Stiftung wechseln.

Hans Van Bylen ist seit über 30 Jahren bei Henkel und verfügt über umfangreiche internationale Erfahrung im Konsumgüter- und Industriekundengeschäft. Er begann seine Laufbahn 1984 bei

Henkel in Belgien und übernahm in der Folge stetig wachsende Geschäfts- und Regionalverantwortung etwa für Benelux, Frankreich, Westeuropa, Afrika/Naher Osten, Latein- und Nordamerika sowie Asien-Pazifik. 2005 wurde er in den Vorstand von Henkel berufen und war dort über 10 Jahre für den Unternehmensbereich Beauty Care zuständig. Seit Mai 2016 ist Hans Van Bylen Vorstandsvorsitzender der Henkel AG & Co KGaA, seit September 2018 Präsident des Verbands der Chemischen Industrie e.V. (VCI) und Vizepräsident des Bundesverbandes der Deutschen Industrie e.V. (BDI). Er gehört zudem dem Board of Directors des Consumer Goods Forum (CGF) an und ist Mitglied des European Round Table of Industrialists (ERT).

Ralf Wintergerst studierte Betriebswirtschaftslehre in Düsseldorf, Dortmund und Hagen. Zudem hält er einen Masterabschluss in den Fachgebieten Management als auch in Politik, Philosophie und Wirtschaft. Seit 2016 ist er Vorsitzender der Geschäftsführung und CEO von Giesecke+Devrient (G+D). Er leitet damit eines der weltweit führenden Unternehmen für Sicherheitstechnologie. Neben seiner Rolle bei G+D ist Wintergerst Aufsichtsratsvorsitzender der secunet Security Networks AG. Er ist zudem Mitglied des Beirates der Cyber Defense Instituts der Bundeswehruniversität in München und Covorsitzender der Digitalgipfel-Plattform »Sicherheit, Schutz und Vertrauen« des Bundesinnenministeriums.

Prof. Dr. h. c. mult. Reinhold Würth, geboren 1935 in Öhringen. Nach dem frühen Tod seines Vaters 1954 nahm Reinhold Würth im Alter von 19 Jahren die Herausforderung an, den Familienbetrieb weiterzuführen. Heute ist der Konzern mit über 400 Gesellschaften in mehr als 80 Ländern der Welt marktaktiv. Die Würth-Gruppe beschäftigt mehr als 71 000 Mitarbeiterinnen und Mitarbeiter und erzielte 2016 mit 11,8 Milliarden Euro einen neuen Rekordumsatz. 2006 übergab Reinhold Würth den Beiratsvorsitz der Würth-Gruppe an seine Tochter Bettina Würth. 1987 gründete Reinhold Würth gemeinsam mit seiner Frau Carmen die Stiftung Würth. Sie fördert Projekte aus Wissenschaft und Forschung, Kunst und Kultur sowie Bildung und Erziehung. Würth ist Professor auf dem Stiftungslehrstuhl für Entrepreneurship an der Universität Karlsruhe (TH). Als erster Lehrstuhlinhaber des Interfakultativen Instituts für Entrepreneurship lehrte er dort von 1999 bis 2003.

Dr. Dieter Zetsche, geboren am 5. Mai 1953 in Istanbul, Türkei. Nach der Schulzeit in Frankfurt am Main und dem Abitur studierte er von 1971 bis 1976 Elektrotechnik an der Universität Karlsruhe mit dem Abschluss als Diplomingenieur. 1976 trat er in den Forschungsbereich der damaligen Daimler-Benz AG ein. Dr. Zetsche promovierte 1982 an der Universität Paderborn zum Dr.-Ing. Dr. Dieter Zetsche ist seit dem 16. Dezember 1998 Vorstandsmitglied und seit dem 1. Januar 2006 Vorsitzender des Vorstands der Daimler AG. Er ist ebenfalls Leiter des Geschäftsfeldes Mercedes-Benz Cars. Davor hatte er verschiedene Positionen im Unternehmen inne, u. a. als Präsident Mercedes-Benz Argentina (1989), Präsident Freightliner Corp. (1991), Vorstandsmitglied verantwortlich für Nutzfahrzeuge (1999), CEO Chrysler Group (2000).

DANK

Am Ende gilt der Dank zunächst dem ganzen Team im Herder-Verlag. Allen voran Programmleiter Patrick Oelze. Er unterstützte die Idee, einen Masterplan für Europa aus Sicht der Wirtschaft aufzuschreiben, ohne zu zögern und half mit seiner zupackenden Art, das Projekt in die Tat umzusetzen. Ohne seine Ermutigung wäre das Buch nicht in dieser umfassenden Form erschienen. Bedanken möchten wir uns auch bei Katrin Pommer, die das Buch mit kritischem Blick betreut hat. Ihre Hinweise und Ratschläge haben das Buch besser gemacht.

Zudem haben Sabine Sasse und Rieke Schües von United Europe e.V., mit dem die Beiträge in Kooperation realisiert wurden, und Gregor Waschinski vom Handelsblatt wesentlich zum Gelingen des Buches beigetragen. Ein Dankeschön gilt allen Autoren, die sich so stark engagiert haben, um die Zukunft Europas durch dieses Projekt mitzugestalten. Ohne ihre Kreativität und ihren Ideenreichtum wäre das Buch nicht zustande gekommen.

Wie die Renaissance der Volks-parteien gelingt. Eine Anleitung

288 Seiten
Klappenbroschur
ISBN 978-3-451-38271-0

»Wer wissen will, wie die Volksparteien von Getriebenen wieder
zu Gestaltern der politischen Mitte werden können, findet die Antworten in Timo Lochockis fulminantem Buch.«
Robin Alexander, Die Welt

In jeder Buchhandlung!

HERDER

www.herder.de

Weckruf für die digitale Freiheit

208 Seiten | Gebunden
ISBN 978-3-451-39900-8
Auch als eBook erhältlich

Stephan Scheuer spürt den innovativsten Ideen in China nach und zeigt, wo Firmen aus der Volksrepublik ihre Konkurrenten bereits längst überholt haben. Er beschreibt die digitale Strategie der chinesischen Führung, gibt den Erfindern hinter den aufstrebenden Firmen ein Gesicht und zeigt, wie die Internet-Supermacht China unser Leben verändern und unsere Zukunft bestimmen wird.

In jeder Buchhandlung!

Wo bleibt Europa?

208 Seiten
Klappenbroschur
ISBN 978-3-451-38075-4

Die Jahrzehnte gültige Weltordnung ist erschüttert. Welche
Optionen hat Europa in dieser Situation? Und welchen Einfluss
hat Deutschland? Gernot Erler zeigt Perspektiven für Europa und
Deutschland in der neuen Weltordnung. Ein faktenreicher und
engagierter Report zu aktuellen politischen Herausforderungen.

In jeder Buchhandlung!

HERDER

Für eine Wende in der deutschen Außenpolitik

Christoph von Marschall

WIR VERSTEHEN DIE WELT NICHT MEHR

Deutschlands Entfremdung von seinen Freunden

HERDER

256 Seiten | Gebunden
mit Schutzumschlag
ISBN 978-3-451-38074-7

Wie verlässlich und fair ist die Außen- und Europapolitik des angeblichen Musterknaben Deutschland wirklich? Was halten unsere Nachbarn und wichtigsten globalen Partner von uns? Christoph von Marschall untersucht, wie international handlungswillig die deutsche Politik tatsächlich ist, und kommt zu keinem erfreulichen Ergebnis. Er schreibt Regierung und Gesellschaft ins Stammbuch, wie sie von einem unsicheren Kantonisten zum Mitgaranten einer liberalen Weltordnung werden können.

In jeder Buchhandlung!

HERDER

www.herder.de